Dr. med. Detlef Pape | Dr. med. Rudolf Schwarz | Elmar Trunz-Carlisi | Helmut Gillessen

SCHLANK
IM SCHLAF
20-MINUTEN-KÜCHE

Mittagessen!

Einfach nur genießen   46

Klar haben Sie in 20 Minuten etwas Leckeres und gleichzeitig Gesundes auf den Tisch gezaubert. Mit frischen, knackigen Salaten, wie dem Fenchel-Salat mit Trauben, leckeren Suppen oder auch deftigen Mahlzeiten, wie etwa dem Blitz-Risotto mit Huhn, bleiben Sie fit für den weiteren Tag.

Abendessen

Abnehmen ohne Verzicht   78

Lassen Sie sich von den Schlank-im-Schlaf-Abend-Rezepten zum Abnehmen verführen: Mit Gerichten wie Putenvitello oder Entenbrust mit Mangoldgemüse fällt das ganz leicht.

Schlank im Schlaf

... für alle, die gerne gut essen

Mit Erfolg abnehmen
– der Rhythmus macht's

Erfolgreich abnehmen und sein Wunschgewicht auch dauerhaft halten – dank Schlank im Schlaf ist das kein Problem. Sogar Prominente wie der aus dem Fernsehen bekannte Sternekoch Johann Lafer haben nach der Umstellung ihrer Ernährung auf die Insulintrennkost in einem gesunden Tempo und vor allem nachhaltig abgenommen.

Und das Ernährungskonzept bewährt sich auf breiter Front: Allein in meiner Facharztpraxis, wo ich neben der Betreuung meiner Patientinnen und Patienten wöchentlich viele Frauen und Männer beim Abnehmen begleite, haben in den letzten 16 Jahren mehr als 7 000 Teilnehmerinnen und Teilnehmer über 40 000 Kilogramm abgespeckt! Was das für die

Gesundheit und die Lebensqualität all dieser Menschen bedeutet, muss ich an dieser Stelle wohl kaum ausführen. Ich freue mich für jeden Einzelnen, der es schafft, mit dieser einfachen Ernährungsmethode wieder (oder endlich) Lebensfreude, ein positives Selbstwertgefühl, Gesundheit und Leistungsfähigkeit zu erlangen.

Schlank im Schlaf für alle, die wirklich abnehmen möchten

Dabei liegt der Erfolg von Schlank im Schlaf in der guten Umsetzbarkeit des Prinzips. Zum einen bestimmen Sie selbst das Tempo, also wie schnell oder wie langsam Sie das Abnehmen angehen möchten, – ganz einfach durch die Zusammenstellung Ihrer Mahlzeiten. Das gilt gleichermaßen für junge wie für reifere Menschen, für Männer wie für Frauen, für Berufstätige wie für Hausfrauen und Mütter. Zum anderen profitiert jeder von der Ernährung nach dem Schlank-im-Schlaf-Prinzip, ganz gleich, welches Ziel er mit seiner Gewichtsabnahme anstrebt: Gesunde Menschen, die sich um ein paar »kosmetische« Pfunde erleichtern und wieder in Jeans und Bikini passen möchten. Und natürlich echte Gewichtsträger, denen mitunter schon schwerwiegende gesundheitliche Konsequenzen jahrelangen Übergewichts zu schaffen machen. Nicht wenige haben zudem eine lange Geschichte des Scheiterns hinter sich, gekoppelt an eine mindestens ebenso lange Diät-Biografie. Nur: Bei Schlank im Schlaf handelt es sich eben nicht um eine Diät.

Ein radikales Abnehmprogramm mag zwar kurzfristig für ein gutes Gefühl auf der Waage sorgen. Langfristig macht der Jo-Jo-Effekt nach solchen Gewaltkuren jedoch unglücklich. Denn kehren die Abnehm-Erprobten nach mehrwöchiger Selbstkasteiung mit oder ohne Erreichen einer Wunsch- oder Bikinifigur zurück zu altvertrauten Ernährungsmustern, dann stellen sich neben einem ungewollten Gewichtsplus zu allem Überfluss auch noch Frust und Resignation ein.

Sie nehmen ab, versprochen!

Schlank im Schlaf hält in jeder Hinsicht, was es verspricht: Denn Abnehmen und Körperfett los werden passiert keineswegs tagsüber – und das, obwohl Sie jetzt vielleicht am aktivsten sind oder sogar regelmäßig Sport treiben. Zweifelsohne ist körperliche Bewegung gesund und kann – zum Beispiel durch gezielten Muskelaufbau – das Abnehmen beschleunigen. Auch Ihrem Stoffwechsel und Ihrer guten Laune tut regelmäßige Bewegung gut, keine

Frage. Deshalb sollten Sie durchaus auch darauf achten, dass Sie tagsüber rege sind.

Das Zeitfenster, in dem überflüssige Pfunde an Bauch, Beinen und Po jedoch tatsächlich verschwinden, öffnet sich erst dann, wenn Sie wirklich Ruhe geben – nachts. Nur im Schlaf wird die Produktion an fettverbrennendem Wachstumshormon (HGH: Human-Growth-Hormon) angekurbelt und erreicht jetzt sogar ihren Höchststand. Ab 20 Uhr und vor allem ab Mitternacht schüttet die Hirnanhangdrüse (Hypophyse) dieses Hormon aus. Denn jetzt laufen alle Reparatur-, Regenerations- und eben Wachstumsprozesse in Ihrem Körper ab.

INFO

In den USA macht sich ein neuer Trend breit: Nachdem in den letzten Jahrzehnten die Zahl der Übergewichtigen explosionsartig zugenommen hat, formiert sich derzeit eine Art Gegenbewegung. »Fat Pride«, zu deutsch in etwa »Stolz auf Fett«, wehrt sich gegen Schlankheitszwang und Diskriminierung. Als Begründung wird unter anderem herangezogen, dass es ein Märchen sei, dass jeder Mensch den (schlanken) Wunschkörper haben könne, wenn er nur hart genug daran arbeite. Nur, auch wenn diese alte neue Bewegung das angeschlagene Selbstbewusstsein von dickeren Menschen heben mag: Unverbrüchlich ist die Tatsache, dass es eben doch das falsche Essen und Trinken ist, das dick macht. Und: Übergewicht mag vielleicht nicht so unglücklich machen, wie bisher angenommen, krank macht es leider auf Dauer die meisten auf jeden Fall. (Quelle: SZ vom 7.4.2010)

Dabei leisten Sie – unmerklich, weil Sie in tiefem Schlaf liegen – echte Schwerstarbeit. Als Energielieferanten braucht Ihr Stoffwechsel dazu weitgehend Speicherfett. Nachts benötigt Ihr Körper für den Regenerationsstoffwechsel 70 Prozent Fette und nur 30 Prozent Zucker, tagsüber ist es genau andersherum. Das Fett wird ohne Probleme aus den Depots entlassen, sobald Sie sich tagsüber im richtigen Rhythmus und mit den jeweils dazu passenden Nährstoffen versorgen. Schlank im Schlaf passiert so nicht nur im Schlaf, es bereitet auch keine Mühe, Sie müssen sich nicht übermäßig anstrengen, kasteien oder frieren – und sind zu jeder Tageszeit satt und glücklich.

Der Trick: Das Insulin in Schach halten

Warum das alles so ist? – Dreh- und Angelpunkt des Schlank-im-Schlaf-Prinzips ist als wichtigstes Hormon das Insulin. Dieses Hormon schüttet die Bauchspeicheldrüse aus nach einer Mahlzeit mit reichlich Kohlenhydraten, das sind z. B. Süßigkeiten, Marmeladenbrötchen, Obst und Fruchtsäfte oder auch Nudeln. Kohlenhydrate, die wir verzehren, erhöhen den Blutzuckerspiegel. Insulin sorgt dafür, dass sich der Blutzuckerspiegel nach jeder Mahlzeit wieder auf ein normales Maß einpendelt.

Doch nicht nur der Zucker im Blut, sondern auch bestimmte Aminosäuren aus eiweißhaltigen Lebensmitteln haben eine insulinlockende Wirkung. Aus diesem Grund wird nach dem Verzehr eines Mischkostgerichts, also eines Gerichts, in dem Kohlenhydrate und tierisches Eiweiß zugleich vorkommen, noch mehr Insulin ausgeschüttet als nach einer reinen Kohlenhydratmahlzeit. Solche Mischkostgerichte sind z. B. Hamburger, Kartoffeln mit Schnitzel oder auch Fruchtjoghurt, also typische Mittagsgerichte.

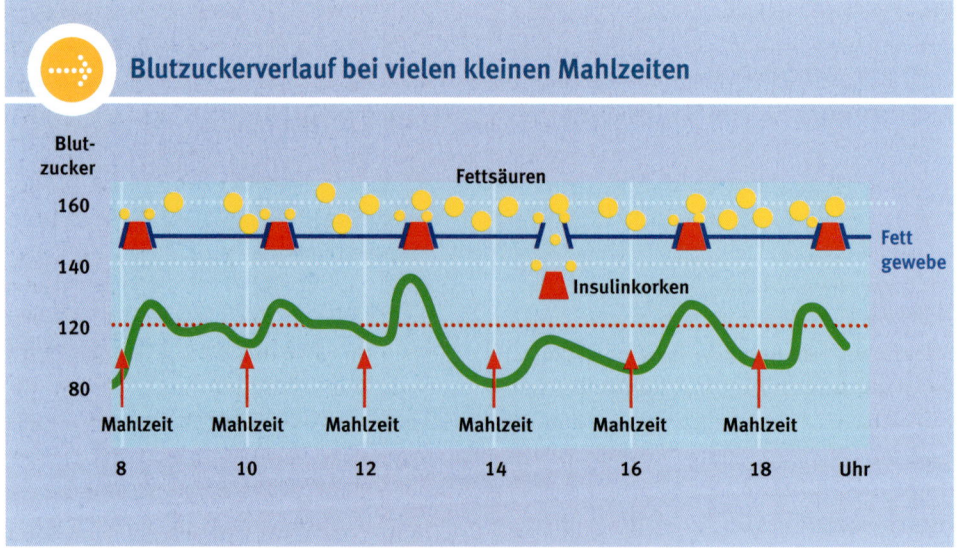

Werden über den Tag verteilt viele kleine Mahlzeiten eingenommen ohne ausreichend lange essensfreie Zeiten dazwischen, bleibt der Insulinspiegel, veranschaulicht durch den Blutzucker (grüne Linie), auf relativ hohem Niveau. Das verhindert, dass Fettsäuren aus dem Fettgewebe ausströmen und in den Muskeln verbrannt werden können. Nur wenn der Insulinspiegel im Blut so tief sinkt, dass das Fettgewebe von Insulin »entkorkt« wird, können Fettsäuren daraus freigesetzt werden (s. a. Grafik Seite 12).

Eine hohe Ausschüttung von Insulin ist in der Tagesmitte nicht das Problem. Denn bis zum Abend hat der Körper noch genügend Zeit, das Insulin abzubauen. Problematisch wird diese Ernährungskombination aus Kohlenhydraten und tierischem Eiweiß, wenn sie die letzte Mahlzeit des Tages darstellt. Denn Insulin blockiert den Fettabbau 4 bis 6 Stunden Stunden lang nachhaltig.

Wenn Sie also nachts erfolgreich Fett abbauen möchten, sollten Sie abends nur eine reine Eiweißmahlzeit, z. B. Fleisch, Fisch, Eier oder Milchprodukte in Kombination mit viel Salat und Gemüse zu sich nehmen. Pures Eiweiß bewirkt nur sehr niedrige Insulinreaktionen. Und auch die Gemüse- bzw. Rohkostbeilagen haben eine sehr niedrige Insulinausschüttung zur Folge – bis auf wenige Ausnahmen wie Möhren, Erbsen, Bohnen, Mais und Kürbis, die sich damit nicht für das Abendessen eignen. So können Sie abends – ganz nach Wunsch warm oder kalt – in vollen Zügen genießen, sind gut gesättigt und kommen gut in den Schlaf und ganz leicht durch die Nacht.

Schlank im Schlaf: Einfach, machbar, lecker!

Mit diesem Kochbuch zeigen wir Ihnen erneut, wie gut Schlank-im-Schlaf-Gerichte schmecken. Hier haben wir besonders darauf geachtet, dass Sie in etwa 20 Minuten mit wenig Aufwand und gesunden, frischen Zutaten echte Wellness-Gerichte für Sie und Ihre Lieben zaubern können. Denn nicht nur eine Ernährung im richtigen Stoffwechsel-Rhythmus und ein aktiver Alltag machen schlank. Auch die Beschäftigung mit frischen Lebensmitteln, ihre sorgfältige, bewusste Auswahl beim Einkauf und anschließend ihre Zubereitung sorgen dafür, dass Sie den genauen Überblick darüber haben, was und vor allem wie viel in Ihrem Essen steckt. Kochen ist kreativ, und der Umgang mit ausgewählten Zutaten und Gewürzen macht viel Spaß. Machen Sie aus der Zubereitung der täglichen Mahlzeiten ein geschmack- und genussvolles Gemeinschaftserlebnis für die ganze Familie oder ein entspanntes Chill-out-Ritual am Ende eines langen Tages.

Taktgeber innere Uhr

Alle Funktionen im menschlichen Körper werden von einer sogenannten »biologischen Uhr« im Gehirn gesteuert. Hormonproduktion, Verdauung, Stoffwechsel – alle Organe unterliegen ihrem Rhythmus und sind je nach Tageszeit mehr oder weniger aktiv. So feuern unsere Nervenzellen im Gehirn in bestimmten Rhythmen, Magen- und Darmmuskeln arbeiten im Vier- bis Fünf-Stunden-Takt, die weiblichen Hormone unterliegen dem Rhythmus eines Mondmonats (ca. 28 Tage), wir schlafen und wachen innerhalb eines 24- bis 25-Stunden-Rhythmus. Verantwortlich dafür ist eine Region im Zwischenhirn: Im suprachiasmatischen Kern (SCN) werden alle Aktivitäts- und Ruhephasen sowie die Aktivität unserer Hormondrüsen gesteuert. Denn insbesondere die Ausschüttung der Hormone – also der Botenstoffe, die jede Funktion in unserem Stoffwechsel, alle Wachstums- und Entwicklungsprozesse sowie unsere Gefühlswelt steuern und beeinflussen – unterliegt ganz bestimmten Tageszeiten. Tatsächlich ist der wichtigste Stellmechanismus unserer inneren Uhr der Einfluss von Licht und Dunkelheit: Über den Sehnerv nehmen wir Tageslicht auf. Dieses Signal wird in den SCN weitergeleitet, von wo aus Signale an andere Gehirnregionen geschickt werden, die Nervenreize oder Botenstoffe durch den Körper weiterleiten.

Den Biorhythmus zum Abnehmen nutzen

Das Schlank-im-Schlaf-Programm hat diesen naturgegebenen zirkadianen Rhythmus integriert (lat. circa dies: ungefähr ein Tag). Hier werden Ihre täglichen Mahlzeiten sowie Ihr Schlaf auf Ihre biologische Uhr abgestimmt:

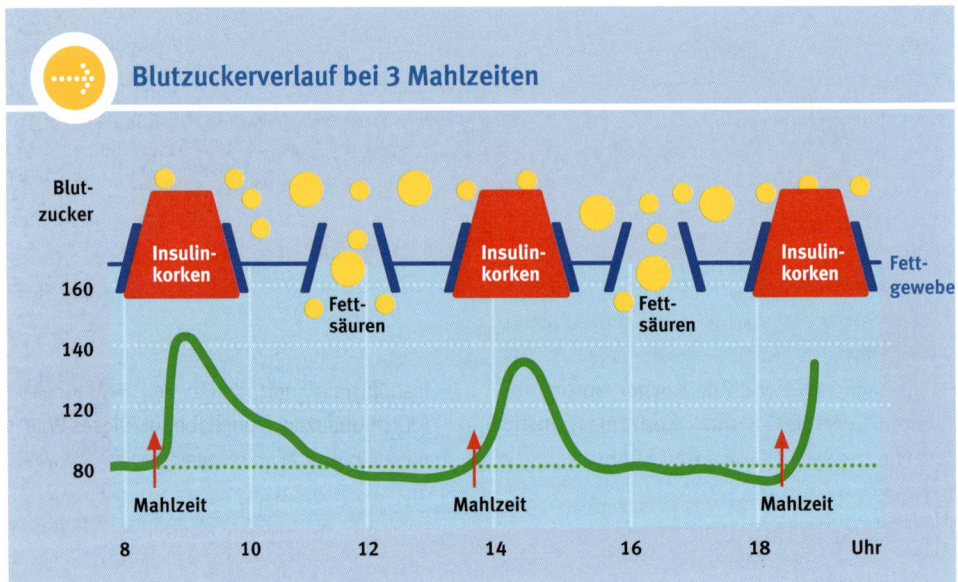

Der Insulinabfall, veranschaulicht durch den sinkenden Blutzucker (grüne Linie), in den langen essensfreien Zeiten sorgt dafür, dass Fettsäuren aus dem Fettgewebe ausströmen und in den Muskeln verbrannt werden können. Bei vielen kleinen Mahlzeiten ohne ausreichend lange essensfreie Zeiten dazwischen sinkt der Insulinspiegel im Blut dagegen nur selten so tief, dass das Fettgewebe von Insulin »entkorkt« wird und Fettsäuren daraus freigesetzt werden können (s. Grafik Seite 8).

Es geht bei diesem Abnehmprogramm also in erster Linie um die richtigen Nährstoffe zur richtigen Zeit, nicht darum, Kalorien zu zählen oder Fettpunkte zu sammeln. Das Tolle daran: Ihre Energiebilanz am Ende des Tages ist immer ausgeglichen. Sie haben nicht mehr zu sich genommen, als Sie brauchen, mussten dabei weder Hunger leiden noch ständig an Essen denken. Zudem haben Sie Ihre Bauchspeicheldrüse geschont, Ihre Körperzellen fit gehalten, indem diese insulinempfindlich bleiben und damit Ihren Stoffwechsel entlastet.

Essen nach Maß

Im Experiment zeigte sich, dass auch das menschliche Verdauungssystem in einem bestimmten Rhythmus arbeitet – und zwar ganz egal, wie Ihr individueller Tagesrhythmus aussieht, ob Sie Schicht arbeiten oder als junger Mensch oder als Mutter mit einem Baby eher nachtaktiv sind. Das biologische Programm unseres seit Urzeiten unverändert arbeitenden Stoffwechsels ist stärker als neu erworbene Gewohnheiten oder durcheinandergeratene Essenszeiten: Schlafforscher zeigten im Experiment, dass der menschliche Verdauungstrakt in einem Vier- bis Fünf-Stunden-Takt arbeitet. Daraus erschließt sich ein Ernährungsrhythmus aus drei Mahlzeiten am Tag: Frühstück, Mittagessen und Abendessen mit jeweils vier bis fünf Stunden (Essens-)Pausen dazwischen. Verzichten Sie auf eine der drei Mahlzeiten, reagiert Ihr Körper sofort mit einem Leistungs- und Konzentrationstief sowie mit kalten Händen und Füßen.

Wie Sattessen beim Abnehmen hilft

Entscheidend bei der Umsetzung des Schlank-im-Schlaf-Konzepts ist also nicht nur, dass Sie regelmäßig essen, sondern auch, dass Sie sich regelmäßig satt essen und im Gegenzug locker

auf Zwischenmahlzeiten verzichten können. Diese blockieren den Stoffwechselprozess und sorgen für einen regelrechten Nährstoffstau im Blut, vor allem wenn es sich dabei um zuckerreiche Snacks wie ein Fruchtjoghurt, eine Portion süßes Obst oder den beliebten Müsliriegel handelt. Ihre Bauchspeicheldrüse muss dann gewissermaßen eine Extraschicht einlegen, indem sie für eine Extraportion des Hormons Insulin sorgt, das die Nährstoffe in die Körperzellen schleust. Was dann aber immer noch zu viel ist und einfach nicht mehr in die bereits gefüllten Zellen gepresst werden kann,

TIPP

Gerade zu Beginn der Umstellung auf das Schlank-im-Schlaf-Prinzip kann es während der Essenspausen zu unangenehmen Hungerattacken kommen. Das betrifft Sie insbesondere, wenn Sie sich über Jahre an kleine Snacks zwischendurch gewöhnt haben. Da Hungern bei Schlank im Schlaf unerwünscht ist, sollten Sie anfangs unbedingt Eiweiß essen, wenn Sie der Hunger zwischendurch quält. Wir empfehlen dazu unsere leckeren SiS-Snacks von Seite 47. Übrigens: Mit jeder Woche verliert sich dieses »Anfängerphänomen«, weil sich der sogenannte Hyperinsulinismus und damit der Heißhunger (durch Unterzuckerung) abbaut. Dieses Phänomen nennen Ernährungsmediziner so, weil die Bauchspeicheldrüse infolge eines ständigen Nährstoffstaus im Blut die Insulinausschüttung vervielfacht bzw. der von mir so bezeichnete »Nomaden-Typ« vom ersten Lebensjahr an viel zu heftig mit Insulin auf unsere Normalnahrung reagiert.

nimmt ohne weitere Umschweife seinen Weg in die Fettdepots.

Entscheidend bei Schlank im Schlaf ist daher nicht nur die Regel, auf regelmäßiges Snacken zu verzichten, sondern die Nährstoffe, die der Körper jeden Tag braucht, stoffwechselgerecht auf drei Hauptmahlzeiten zu verteilen.

Worauf es beim Essen ankommt

Nach der nächtlichen Fastenphase, während der der aus Eiweiß gebildete Botenstoff Serotonin dafür sorgte, dass Sie im Schlaf keine Hungergefühle entwickeln, haben Sie mor-

INFO

Typisch deutsch?

Das deutsche Frühstück aus Brot, Brötchen, Toast, Stuten oder Weißbrot mit fettreichen Aufstrichen sowie Wurstaufschnitt und Käse gilt im internationalen Vergleich als Dickmacher schlechthin. Was ist dran? Das Problem: Zum einen landen durch Aufschnitt und Käse jede Menge versteckter Fette auf dem Teller. Zum anderen sorgt die Mischung aus Brot und tierischem Eiweiß für extrastarke Insulinantworten am Morgen, was schon kurze Zeit später den Magen knurren lässt. Der Mix aus pflanzlichem Eiweiß, z. B. vegetarischem Brotaufstrich, und Kohlenhydraten, z. B. Brötchen, Müsli, Marmelade oder Honig, ist morgens dagegen in Ordnung und schafft am Vormittag die Voraussetzungen für ein verlängertes Sattheitsgefühl sowie ein ausgeglichenes Leistungsniveau bis zur nächsten Hauptmahlzeit. Der Frühstücksbaukasten von Seite 38/39 hilft Ihnen bei der richtigen Kombination.

gens richtig Appetit. Ausnahmen bestätigen die Regel: Das betrifft die Nicht-Frühstücker und Menschen, bei denen das Gleichgewicht zwischen dem Sättigungshormon Serotonin und seinen Gegenspielern, den Appetit anregenden Hormonen Ghrelin und dem Neuropeptid Y, nicht mehr stimmt. Das ist häufig bei jahrelangem Übergewicht der Fall, lässt sich aber durch konsequente Ernährungsumstellung auf lange Sicht wieder ausbalancieren. Nicht-Frühstücker nehmen dann eben erst später ihre erste Tagesmahlzeit zu sich.

Morgens gut frühstücken!

Grundsätzlich empfehlen wir für Schlank-im-Schlaf-Anfänger ein frühes, also zwischen 7 und 10 Uhr stattfindendes, kohlenhydratreiches Frühstück (z. B. Brot, Brötchen, Gebäck oder Müsli) mit maximal 20 bis 25 Gramm Fett (z. B. vor allem aus pflanzlichen Quellen wie Erdnussbutter, Pflanzenmargarine, Nuss-Nougat-Creme oder Nüssen im Müsli). Wer früh am Morgen nur seinen Kaffee oder Tee hinunterbekommt, sollte bei seinem späteren Frühstück, das dann wahrscheinlich gegen elf Uhr stattfindet, und bei den anderen entsprechend verspäteten Mahlzeiten darauf achten, dass er nicht übermäßig zulangt. Die Gefahr einer Überkompensation ist beim Nicht-Frühstückern durchaus gegeben, weil sich unter anderem die Zuckerspeicher (Glykogen) zu stark leeren. Wer sich also erst einmal sicher von überflüssigen Pfunden befreien möchte, sollte sich an unsere Frühstücksempfehlungen (ab Seite 36) halten.

Mittags satt essen!

Mischkostgerichte mit kohlenhydrathaltigen Beilagen, wie z. B. Nudeln oder Kartoffeln, sind mittags angesagt. Da Ihr Körper von seinem Biorhythmus her bis etwa 16 Uhr auf Tagesaktivität eingestellt ist, nehmen Ihre

Mit schnell zubereiteten Genießerrezepten durch den Tag: Obstsalat mit Mandelcreme (Rezept auf Seite 43), Überbackene Reis-Oliven-Pfanne (Seite 62) und Provenzalische Lammkoteletts (Seite 122).

Muskelzellen nun die Mischung aus Kohlenhydraten mit Eiweiß gut auf und sorgen für ihre Verbrennung. Wenn Sie sich jetzt zwischendurch etwas Bewegung verschaffen – umso besser! Sollten Sie schneller abnehmen wollen, nehmen Sie eine eiweißreiche Mahlzeit, z. B. aus Eiern, Tofu, Milchprodukten, Fleisch oder Fisch mit reichlich Gemüse oder Salat zu sich ohne Kohlenhydrat-Beilagen.

Abends köstlich schlemmen!

Um Ihren Körper dann mit der letzten Tagesmahlzeit am Abend auf die nächtliche Fettverbrennung einzustimmen, bereiten Sie sich ein Gericht mit reichlich tierischem oder pflanzlichem Eiweiß zu, z. B. Fisch, Fleisch, Tofu und viel Gemüse oder Salat. Brot, Nudeln und Reis, Obst und Süßigkeiten sind dagegen jetzt tabu, denn Kohlenhydrate blockieren durch die Insulinreaktion den Fettabbau und die Wirkung des Wachstumshormons. Nur mit Eiweiß pur am Abend macht Ihr Schlaf Sie richtig schlank! Ein Glas Wein (0,2 l) oder zwei Gläser Bier (0,4 l) sind als Schlummertrunk aber gerne erlaubt.

Wie wir dick werden

Die Ursachen dafür, dass wir dick werden, sind mannigfaltig und beschäftigen Ernährungsmediziner, Ernährungswissenschaftler und Psychologen gleichermaßen. Für die einen sind es vor allem die Gene, für die anderen ist es zu viel Fett im Essen, bei den anderen ist es ein Mangel an Disziplin, bei wieder anderen macht nur Essen glücklich. Dann gibt es noch Menschen, die schon beim bloßen Anblick von Essen zunehmen und solche, bei denen hormonelle Schwankungen, Dauerstress und ein ständig überhöhter Cortisol-Spiegel für die Entstehung von kleineren oder größeren Polstern sorgt. Sicher ist, dass sowohl bei Menschen mit ein paar wenigen als auch bei solchen mit vielen Kilogramm zu viel die unterschiedlichsten Faktoren zusammenkommen, die für zwickende Hosen- oder Rockbünde sorgen. Ein Faktor jedoch ist bei allen gleich: Es ist immer das (falsche) Essen und Trinken, das sie dick macht.

Grundsätzlich ging man davon aus, dass ein Zuviel an Kalorien pro Tag für eine unausgeglichene Energiebilanz sorgt. Das heißt: Der Zeiger Ihrer Waage verschiebt sich angeblich unweigerlich nach rechts, je länger Sie rechnerisch mehr essen als Sie rechnerisch verbrennen. Diäten, die hier immer wieder erfolglos ansetzen, funktionieren nach dem Prinzip von zu vielen Kalorien und zu hoher Energiedichte von Lebensmitteln, die angeblich durch zu viel Fett zustande kommt.

Wenn Sie allerdings wirklich verstehen wollen, warum Sie in der Vergangenheit zugenommen haben, lohnt sich ein differenzierterer Blick in das menschliche Stoffwechselgeschehen: Was geschieht im Körper, nachdem Sie eine Mahlzeit zu sich genommen haben? Wo im Körper landen welche Nährstoffe? Und warum ist der Biorhythmus des Stoffwechsels so wichtig in Sachen Energieaufnahme und Verbrennung, also beim Zunehmen oder Abnehmen?

Ungünstige Nährstoffkombinationen

Wir wissen heute, dass das Hormon Insulin im Tag- und Nacht-Rhythmus, fein abgestimmt mit vielen anderen Hormonen, eine entscheidende Rolle bei der Nährstoffverwertung spielt. Sobald Sie also beim Essen gegen die Gesetze Ihres Biorhythmus verstoßen, sorgen Sie unweigerlich für volle Energiespeicher, sprich: Fettpolster. Bei den meisten Frauen landen diese an Hüften, Po und Oberschenkeln. Bei Männern und bestimmten Frauentypen im Bauch. Letzteres Fettdepot gilt als Risikofaktor für verschiedene Folgeerkrankungen wie z. B. Typ-2-Diabetes. Dabei geht das Zunehmen schneller, als Sie denken: Sie müssen nur bestimmte Nährstoffe oder Nährstoffkombinationen zur falschen Tageszeit zu sich nehmen,

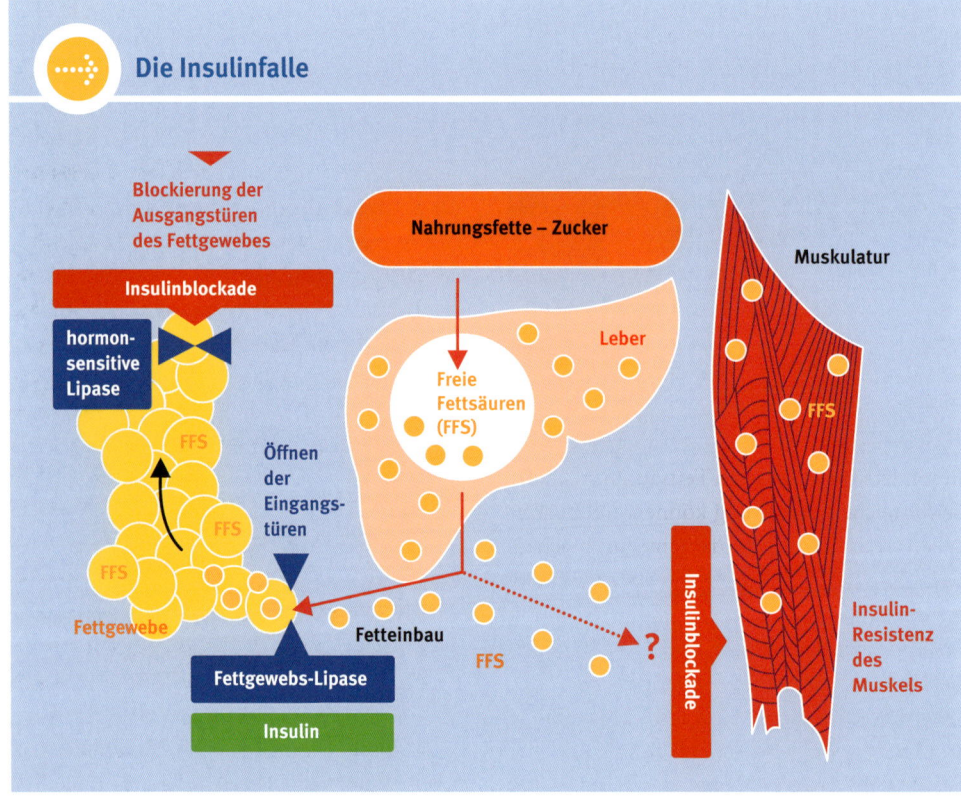

und das komplizierte Gleichgewicht der Stoffwechselhormone gerät aus dem Ruder. Vor allem wird die Fettverbrennung blockiert.

Die Insulinfalle

Bei einer Überernährung mit Zucker – wie sie heute üblich ist – ist auch im Blut mehr Zucker vorhanden, als die Körperzellen verbrauchen können. In diesem Fall schützen sich die Zellen vor einer »Überzuckerung« und ziehen die Insulinrezeptoren an der Zellaußenhaut kurzerhand ein. Diesen Prozess nennt man Down-Regulation. Auf diese Weise werden Körperzellen unempfindlich gegen das Insulin (resistent). Da die Zuckermoleküle weiter im Blut kreisen, kommt es zu einem Rückstau. Um diesen aufzulösen, versucht der Körper mit Gewalt, den Zucker in die Zellen zu pressen. Die Bauchspeicheldrüse vervielfacht ihre Leistung, und das jetzt im Überschuss produzierte Insulin quetscht gerade noch einen geringen Teil des Zuckers in die Muskelzellen. Was dann nicht mehr hineinpasst, wandert in die Fettzellen, die mit zahllosen Rezeptoren Tag und Nacht geöffnet haben. Sollte deren Aufnahmekapazität auch überschritten sein, dann stimuliert der Überschuss aus Fettsäuren, Zucker und Insulin das Ausreifen einer neuen Generation Fettzellen in der Unterhaut aus Vorläuferzellen (Fibroblasten).

Wie eine Insulinresistenz entsteht

Besonders die gesättigten Fettsäuren aus einer zu fettreichen Ernährung können die Muskelzellen resistent gegen das Insulin machen. Dies ist der Fall bei einer Überernährung durch eine Mischkost aus Kohlenhydraten, Fett und Eiweiß, beispielsweise durch regelmäßige abendliche Brotmahlzeiten und einen unbewegten Lebensstil. Dadurch verfetten die Insulinrezeptoren der Zellen von innen.
Fazit: Sind Körperzellen durch eine jahrelange Fehlernährung erst einmal insulinresistent, steht dem Wachstum des zweitgrößten Organs im menschlichen Körper – dem Fettgewebe – nichts mehr im Wege. Denn Insulin sorgt nicht nur dafür, dass die Eingangstüren zu den Fettzellen geöffnet werden, sondern es schließt gleichzeitig die Ausgangstüren jedes Mal für mehrere Stunden. Auch diesen Mechanismus haben wir geerbt: In Urzeiten mit einem durch die Jahreszeiten und das Jagdglück bedingten wechselndem Nahrungsangebot und gelegentlichen Fastenphasen garantierte die Fähigkeit, Energie für schlechte Zeiten zu sparen, das Überleben.
Glücklicherweise lässt sich diese Spirale auflösen, indem Sie ab sofort Ihre Ernährung auf die Insulintrennkost von Schlank im Schlaf umstellen.

Der Ausweg: stoffwechselgerechte Mahlzeiten

Die einfachen Regeln der Insulintrennkost beruhen auf der Funktionsweise des Stoffwechsels. Der arbeitet bei jedem Menschen gleich – von geringfügigen Abweichungen einmal abgesehen – und das seit 2 Millionen Jahren. Gehen wir von den beiden Ur-Typen Nomade und Ackerbauer aus, so sind beide zwar Allesesser, können aber die verschiedenen Nährstoffe nicht gleich gut verstoffwechseln.

Die Ur-Nahrung der Nomaden und Ackerbauer

Während der Nomade oder Jäger eine eiweißreiche, kohlenhydratarme und nur mäßig fetthaltige Nahrung (z. B. Fleisch, Fisch, Nüsse in Kombination mit Wurzeln, Gemüse, Beeren und Samen) gut verträgt, machen ihm konzentrierte Kohlenhydrate (z. B. Getreide, Brot) sehr zu schaffen. Der evolutionsgeschichtlich

gesehen jüngere Stoffwechseltyp – der Ackerbauer – kann Kohlenhydrate hingegen ganz
gut verwerten. Erst durch die Viehhaltung
kam es für den Ackerbauer zu nährstoffrei-
cheren, weil eiweißhaltigeren Mischformen
der Ernährung. Neben Fleisch standen jetzt
zunehmend auch Milch, tierische Fette und
Eier auf dem Speiseplan. Diese Ernährung
war aber für seinen Stoffwechsel nicht so gut
verträglich wie die ursprüngliche rein kohlen-
hydratorientierte Ernährung. Im modernen
Menschen findet sich mittlerweile das Erbgut
beider Stoffwechseltypen häufig in Form eines
Mischtyps (Nomaden-Mischtyp, der eine ei-
weißbetonte Ernährung am besten verträgt,
und Ackerbauer-Mischtyp, der eine kohlen-
dratbetonte Ernährung am besten verträgt).

INFO

2009 führte das Institut für Demoskopie in
Allensbach für den Lebensmittelkonzern
Nestlé eine Studie zum Thema: »So is(s)t
Deutschland« durch. Mit den sich ändern-
den Lebensverhältnissen (die Menschen
werden immer älter, immer mehr Frauen ar-
beiten, die Zahl der Single- und 2-Personen-
Haushalte wächst) gehen auch veränderte
Ernährungs- und Kochgewohnheiten einher.
Zwar gilt eine gesunde Ernährung als wichti-
ges Stück Lebensqualität, und genussvolles
Essen in der Familie oder mit Freunden
steht hoch im Kurs. Trotzdem landen wegen
Zeitdruck und Stress Kochen und Essen bei
den meisten Befragten an letzter Stelle der
Tagesprioritäten und es wird gegessen, was
eben gerade zur Hand ist – und das ist eben
oft das Falsche.

Kohlenhydrate für ausreichend (Tages-)Energie

Jeder Mensch benötigt Kohlenhydrate, um
tagsüber leistungsfähig zu sein: Zum einen
sind unser Gehirn und unser Nervensystem
völlig auf Zucker (Glukose) angewiesen und
wollen nichts anderes. Deshalb sollten insbesondere zum Tagesstart Kohlenhydrate auf
dem Speiseplan stehen. Weißbrot oder Vollkornbrötchen sollen allerdings möglichst mit
Streichfett (z. B. Butter, Margarine, Öl und
vegetarischem Brotaufstrich) verzehrt werden,
dann fällt der Insulinanstieg nicht so drastisch
aus wie pur genossen – Fett in Kombination
mit Zucker bremst das Insulin. Zum anderen
werden durch die aufgenommenen Kohlenhydrate zur rechten Zeit die nachts entleerten
Zuckerspeicher in der Leber und im Muskel
gefüllt. Das Gehirn kann konzentriert und fit
an sein Tagwerk gehen, und der Muskel bekommt einen tollen Wärmestart – Kalorien
eben – damit Sie nicht frieren.

So berechnen Sie Ihren indivi- duellen Kohlenhydratbedarf

Mit der Insulintrennkost nehmen Sie jeden
Tag ungefähr 1800 Kilokalorien zu sich (etwa
50 Prozent Kohlenhydrate; 30 Prozent Fette
und Öle; 20 Prozent Eiweiß). Alle Rezepte in
diesem Buch sind für einen Kohlenhydrat-Be-
darf von täglich je 100 Gramm pro Frühstück
und Mittagessen berechnet. Abends liegt der
Kohlenhydratgehalt immer unter 20 Gramm
pro Portion. Dies entspricht dem Bedarf der
meisten Leser(innen).

Wenn Sie wissen möchten, wie viele Kohlenhydrate Sie pro Tag verzehren dürfen, um
sicher abzunehmen, müssen Sie Ihren BMI,
Ihren Body-Mass-Index, berechnen. Formel
und Beispiele finden Sie im Kasten Seite 18.
Allerdings stellt der BMI nur ein sehr grobes
Orientierungsmaß dar, denn ein eventuell

Insulin-Score verschiedener Lebensmittel je 250 kcal*

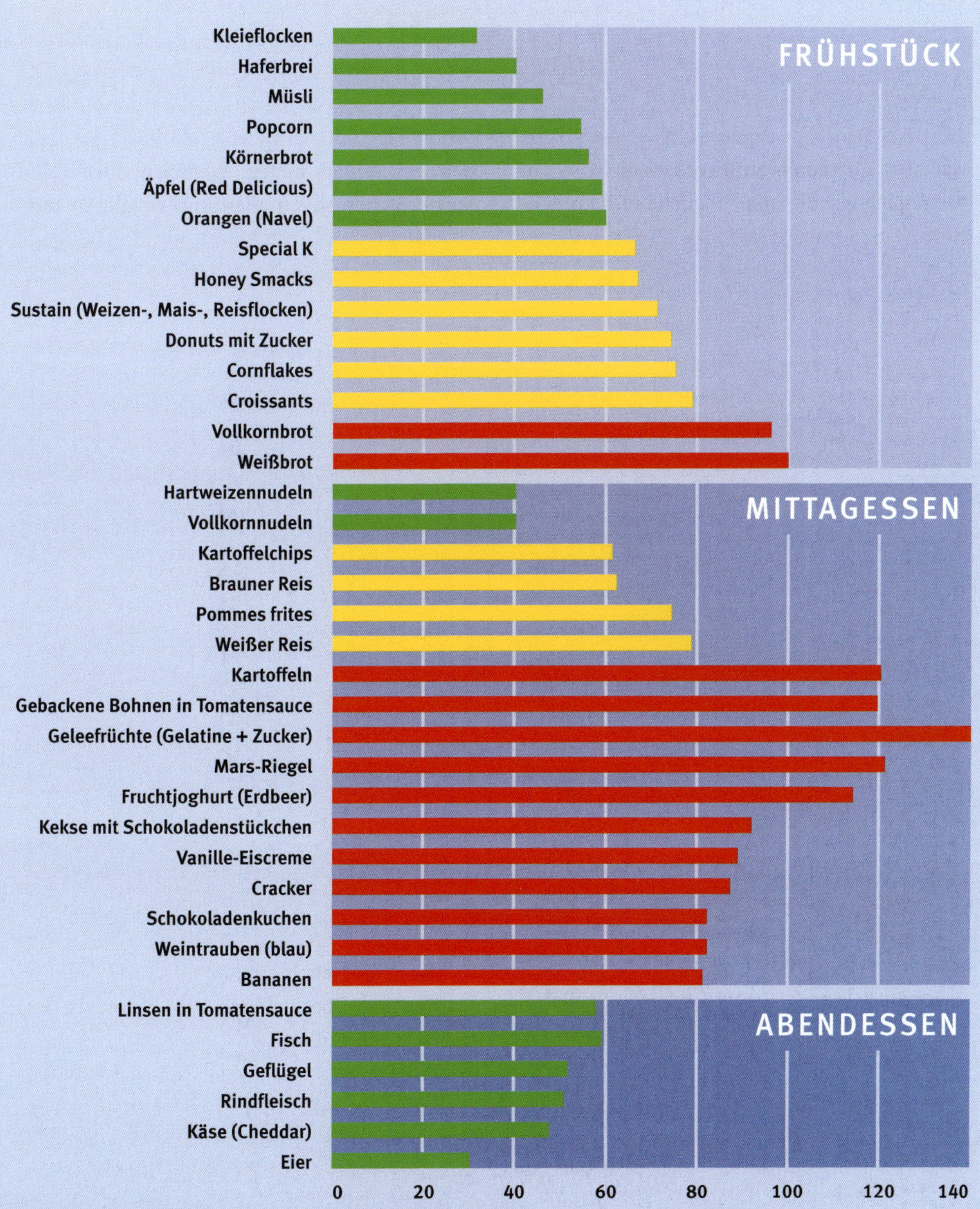

FRÜHSTÜCK

- Kleieflocken
- Haferbrei
- Müsli
- Popcorn
- Körnerbrot
- Äpfel (Red Delicious)
- Orangen (Navel)
- Special K
- Honey Smacks
- Sustain (Weizen-, Mais-, Reisflocken)
- Donuts mit Zucker
- Cornflakes
- Croissants
- Vollkornbrot
- Weißbrot

MITTAGESSEN

- Hartweizennudeln
- Vollkornnudeln
- Kartoffelchips
- Brauner Reis
- Pommes frites
- Weißer Reis
- Kartoffeln
- Gebackene Bohnen in Tomatensauce
- Geleefrüchte (Gelatine + Zucker)
- Mars-Riegel
- Fruchtjoghurt (Erdbeer)
- Kekse mit Schokoladenstückchen
- Vanille-Eiscreme
- Cracker
- Schokoladenkuchen
- Weintrauben (blau)
- Bananen

ABENDESSEN

- Linsen in Tomatensauce
- Fisch
- Geflügel
- Rindfleisch
- Käse (Cheddar)
- Eier

0   20   40   60   80   100   120   140

*Referenzwert: Weißbrot 100 %

*Ideal für morgens und abends sind die Lebensmittel, die die niedrigsten Insulinreaktionen hervorrufen (grün, gelb).
Die für morgens empfohlenen großen Brotmengen sind trotz der Insulinreaktion (rot) sinnvoll, um die leeren Zuckerspeicher
zu füllen. Die Verwendung von Streichfett wiederum bremst das Insulin.*

hoher Wert kann sowohl durch reichlich Muskelmasse als auch durch einen hohen Anteil an Fettmasse hervorgerufen werden. Genauen Aufschluss über das Verhältnis von Muskeln zu Fett gibt nur eine Bioimpedanzmessung. Sie wird in einigen Arztpraxen (z. B. in InsuLean-Praxen, mehr Infos unter www.insulean.de) durchgeführt, auch in einzelnen Fitnessstudios (Liegendmessung). Bei mäßig Übergewichtigen tut es auch eine Körperfettwaage, allerdings kommt es dabei teilweise zu starken Schwankungen.

Fett für gesunde Zellen

Fette sind hochkonzentrierte Energielieferanten. Wenn Sie abnehmen wollen, sollten Sie deshalb ungefähr im Blick behalten, wie viel Fett Sie zu sich nehmen. Ein Erwachsener sollte nicht mehr als 60 bis 90 Gramm Fett pro Tag verzehren. Fette erfüllen aber – ebenso wie Eiweiß (s. Seite 30) – auch wichtige Sonderfunktionen im Stoffwechsel: Sie dienen beispielsweise als Bauteile für Struktur- und Zellmembranen und liefern fettlösliche Vitamine (s. Kasten auf Seite 19). Wenn Sie neben

 So berechnen Sie Ihren BMI

Formel: BMI = Körpergewicht (in kg) geteilt durch Körpergröße (in m) im Quadrat

Vier Beispiele

Frau 70 kg: 1,70 m : 1,70 m = 24,22 BMI	entspricht je 75 g KH morgens und mittags
Frau 87 kg: 1,70 m : 1,70 m = 30,10 BMI	entspricht je 100 g KH morgens und mittags
Mann 80 kg: 1,80 m : 1,80 m = 24,69 BMI	entspricht je 100 g KH morgens und mittags
Mann 95 kg: 1,75 m : 1,75 m = 31,02 BMI	entspricht je 125 g KH morgens und mittags

Zum Ausfüllen mit Ihren persönlichen Werten, ergibt Ihren individuellen BMI

.... kg Körpergewicht : .... m (Körpergröße) : .... m (Körpergröße) = ... BMI

 Tägliche Kohlenhydrat-Portionen für Frühstück und Mittagessen

So viele Kohlenhydrate benötigt Ihr Körper entsprechend Ihrem BMI jeweils zum Frühstück und Mittagessen.

Frauen mit einem BMI unter 30	75 g Kohlenhydrate
Frauen mit einem BMI über 30	100 g Kohlenhydrate
Männer mit einem BMI unter 30	100 g Kohlenhydrate
Männer mit einem BMI über 30	125 g Kohlenhydrate

der Menge gleichzeitig auf eine gute Qualität der beim Kochen oder Anrichten verwendeten Fette und Öle achten, tun Sie beim Essen nicht nur etwas für Ihre gute Figur, sondern auch aktiv etwas für Ihre Gesundheit.

Auf die richtigen Fette setzen

Chemisch bestehen die Fette in unserer Nahrung aus Glycerin sowie drei kurz- bis langkettigen Fettsäuren; deshalb werden sie fachsprachlich Triglyceride genannt (tri = drei). Die Fettsäuren können – je nach chemischer Struktur – gesättigt oder einfach bzw. mehrfach ungesättigt sein.

▶ Gesättigte, für den Körper ungünstige Fettsäuren stecken hauptsächlich in tierischen Fetten wie Käse, Schweine- oder Rinderfett, in fettem Fleisch und Streichwurst oder Salami, – aber auch in Palmöl und Rahmfett. Gesättigte Fette dienen dem Körper ausschließlich als Energiequelle – wird die gerade nicht benötigt, mästen wir unsere eigenen Fettpolster.

▶ Einfach ungesättigte, günstig wirkende Fettsäuren kommen in pflanzlichen Ölen vor, z. B. in Oliven-, Erdnuss- oder Rapsöl, aber auch in tierischen Fetten wie Butter, Lammfleisch und Gänseschmalz.

▶ Mehrfach ungesättigte Fettsäuren sind wichtige Bestandteile der elastischen Zellwände (Membranen). Sie sind lebensnotwendig (essenziell) und spielen eine günstige Rolle bei der Blutgerinnung und Entzündungsvorgängen. Zu den mehrfach ungesättigten Fettsäuren gehören Omega-3-Fettsäuren aus Lachs, Hering, Thunfisch, Makrele sowie anderen fetten Seefischen. Gute pflanzliche Quellen für Omega-3-Fettsäuren sind Lein- und Rapsöl, Getreidekeimlinge, Nüsse und Samen. Soja-, Sonnenblumen- und Distelöl enthalten an mehrfach ungesättigten Fettsäuren überwiegend Omega-6-Anteile, die nicht besonders wertvoll sind.

I N F O

Fettlösliche Vitamine und ihre Vorkommen

Einige Vitamine können nur in Verbindung mit Fett vom Körper aufgenommen werden, daher nennt man sie »fettlöslich«. Dies sind die Vitamine A, D, E und K.

Vitamin A kommt ausschließlich in tierischen Lebensmitteln vor, u.a. in Milch, Käse, Butter und Thunfisch. Seine Vorstufe Betakarotin, auch Provitamin A genannt, ist enthalten in Möhren, roten Paprikaschoten, Grünkohl und anderen Kohlsorten, in Feldsalat, Kürbis, Sellerie, Pfirsich, Aprikose, Melone und Papaya. Betakarotin ist Bestandteil des Netzhautfarbstoffes und damit wichtig für den Sehvorgang sowie die Hautgesundheit. Es schützt auch die Atemschleimhäute vor Sauerstoffradikalen.

Vitamin D steckt in Hering, Lachs, Thunfisch, Morcheln und Steinpilzen. Das Vitamin, das im Körper wie ein Hormon wirkt, ist wichtig für Immunsystem, Muskulatur und Nerven sowie Zähne und Knochen.

Vitamin E ist enthalten in Oliven-, Raps-, Soja- und Palmöl, Nüssen und Mandeln, in Vollkorngetreide, Spinat, Kohl, Kürbis und Pastinaken. Es verlangsamt den Alterungsprozess, schützt die Zellmembranen vor Sauerstoffradikalen, wirkt entzündungshemmend und senkt die Blutfettwerte.

Vitamin K steckt in Sauerkraut, Rosenkohl, Spinat, Kohlrabi, Kartoffeln, Sellerie, Hagebutten, Geflügel, Kalbsleber, Butter und Quark. Es ist wichtig für die Blutgerinnung.

Für die Regulation des Blutzuckerspiegels spielen Fette ebenso eine bedeutende Rolle. Sobald Sie Kohlenhydrate zusammen mit Fetten (besonders ungesättigten Fettsäuren) verzehren, z. B. Brot mit Margarine oder Nudeln bzw. Baguette mit Olivenöl oder ein Croissant oder Pommes frites, steigen der Glukose- und damit auch der Insulinwert im Blut deutlich langsamer an. Die Kohlenhydrate werden deshalb langsamer gespalten, weil das Gemisch im Darm erst wieder getrennt und zugleich auch das Fett verdaut werden muss. Ein gegenteiliger Effekt stellt sich bei der Kombination von Kohlenhydraten mit Eiweiß ein. Das wie eine Zuckerbremse funktionierende Fett fehlt, und die schnell anflutenden Zuckerbausteine und Aminosäuren überreizen das Insulin.

Schlankmacher Eiweiß

Der menschliche Körper besteht zu 15 bis 20 Prozent aus Eiweiß, das ständig ab- und wieder aufgebaut wird. Gleichbedeutend mit dem deutschen Wort Eiweiß kann man auch das Fachwort Protein verwenden. Nahrungsprotein liefert ebenso viel Energie wie Kohlenhydrate. Dabei hat es im Körper allerdings ähnlich wie die Fette diverse Sonderaufgaben

zu erfüllen: die Herstellung von stoffwechselfördernden Enzymen, von Hormonen (z. B. Glukagon und Insulin), von Antikörpern für die Immunabwehr und Faktoren für die Blutgerinnung sowie von Zellen, Muskeln, Haut und Haaren, und es ist Reservesubstanz für die Energiegewinnung. Daher sollte eine regelmäßige Eiweißzufuhr erfolgen. Außerdem enthält Eiweiß im Gegensatz zu Kohlenhydraten und Fetten Stickstoff- und Schwefelatome, die essenziell für den Stoffwechsel sind.

Der Körper kann nahezu kein Eiweiß speichern. Die Deutsche Gesellschaft für Ernährung (DGE) empfiehlt deshalb 1 Gramm Eiweiß pro Kilogramm Körpergewicht als Tagesbedarf. Bei Heranwachsenden und Kraftsportlern kann bis zu 1,2 Gramm pro Kilo Körpergewicht berechnet werden. Im Durchschnitt sollte ein Erwachsener zwischen 55 und 85 Gramm Eiweiß pro Tag verzehren.

Chemisch gesehen bestehen Eiweiße aus verschiedenen Aminosäuren. Von den 20 als Eiweißbausteine dienenden Aminosäuren sind für Erwachsene acht essenziell, also lebenswichtig, und müssen über die Nahrung aufgenommen werden: Isoleucin, Leucin, Lysin, Methionin, Phenylalanin, Threonin, Trypto-

So viel Eiweiß steckt in je 100 Gramm folgender Lebensmittel

Lebensmittel	Menge	Lebensmittel	Menge
Getreide	8 g	Frischkäse	13 g
Hülsenfrüchte, getrocknet	22 g	Mozarella	20 g
Tofu	12 g	junger Gouda (48 % F. i. Tr.)	23 g
Sojamilch, Sojajoghurt	3,5 g		
		Eier	10 g
Milch	3,5 g	Fleisch und Geflügel	20 g
Quark	10 g	Fisch	20 g
Joghurt	6 g		

phan und Valin. Fehlt dem Körper auch nur eine einzige Aminosäure für die Zusammensetzung eines bestimmten Proteins, so ist die Funktion des gesamten Eiweißmoleküls nicht mehr gewährleistet.

Empfehlenswerte Eiweißlieferanten

Eiweiß kann aus pflanzlichen wie auch tierischen Lebensmitteln stammen. Generell gilt: Tierisches Protein ist wertvoller als pflanzliches, da die Proteine aus tierischen Quellen dem körpereigenen Eiweiß von seiner Zusammensetzung her ähnlicher sind.
Idealerweise sollten die Proteinquellen zu einem Drittel aus Milchprodukten (z. B. Quark, Joghurt, Käse), zu einem Drittel aus pflanzlichen Nahrungsmitteln (z. B. Getreide, Kartoffeln, Hülsenfrüchte, Nüsse, Samen) und zu einem Drittel aus Eiern, Fleisch bzw. aus Fisch bestehen. So sind sie für den Organismus am bekömmlichsten. Vegetarier sollten ihren Bedarf an essenziellen Aminosäuren

über Soja(produkte), Getreide, Kartoffeln, Käse, Milch(produkte) decken. Die mit der Nahrung aufgenommenen Eiweiße werden mithilfe von Enzymen im Darm in Aminosäuren zerlegt. Nachdem diese die Darmwand passiert haben, werden sie in der Leber und in jeder einzelnen Zelle wieder zu den unterschiedlichsten Proteinen zusammengesetzt – je nachdem, was der Körper gerade braucht.
Im Rahmen der Insulintrennkost steht abends regelmäßig tierisches Eiweiß auf dem Programm. Mittags gibt es wahlweise einweißhaltige Lebensmittel im normalen Rezept mit kohlenhydrathaltigen Beilagen wie Nudeln, Kartoffeln, Reis, Getreide. Bei Gewichtsstillstand kann Eiweißhaltiges zum Mittagessen auch pur mit Gemüse oder Salat auf den Tisch kommen. Am Abend gibt es immer Eiweiß pur mit Gemüsebeilagen oder einem Salat, um das Wachstumshormon zu locken, – Grundvoraussetzung dafür, dass man sich nachts schlank schlafen kann.

Maßgeschneidert: Ihr typgerechtes Ernährungsprogramm

Abnehmen funktioniert, je nachdem, welcher Stoffwechseltyp Sie sind, schneller oder langsamer. Die Ernährungsempfehlungen in diesem Buch beziehen sich in erster Linie auf den häufigen Mischtyp aus Nomade und Ackerbauer (s. Seite 15/16). Sollten Sie jedoch mit dem Standard-Konzept von Schlank im Schlaf (morgens Kohlenhydrate – mittags Mischkost – abends Eiweiß) nicht so gut abnehmen, können Sie es probeweise einmal versuchen, sich drei Wochen lang nach einem stärker typbetonten Schema zu ernähren:

Reiner Ackerbauer

Frühstück: Kohlenhydrate – z. B. süßes Brotfrühstück, Obst pur, Müsli mit Saft angerührt, Süßer Möhrenaufstrich (S. 45)
Mittagessen: nur Kohlenhydrate – z. B. Reis mit China-Gemüse, Nudeln mit Tomatensauce, Spargel und Kartoffeln mit Vinaigrette rotgrün oder mit Safransauce (Kasten S. 60)
Abendessen: Eiweiß – z. B. Türkischer Hirtensalat (S. 85), Pizza-Tofuschnitzel (S. 98), Tofu-Curry (S. 99), Madrasgemüse (S. 106)

Mischtyp Ackerbauer-betont

Frühstück: Kohlenhydrate – z. B. Müsli mit Obst und 1 Kanne grünen Tee, Brot/Brötchen und Pikante Kartoffelcreme (S. 45)
Mittagessen: Mischkost (z. B. Nudeln mit Hackfleisch, Pommes mit Frikadellen, Blitz-Lasagne (S. 59), Schweinefilet mit Ananas-Frischkäse (S. 69), Schwertfisch mit Polenta (S. 70)
Abendessen: Eiweiß – z. B. Spiegelei auf Pilzen (S. 95), Salbei-Kaninchen (S. 115), Pangasiusfilet (S. 134)

Mischtyp Nomaden-betont

Frühstück: Kohlenhydrate (z. B. ein herzhaftes Brotfrühstück mit vegetarischem Aufstrich nach Leberwurst-Art, Rohkoststicks und 1 Tasse Kaffee mit 2 Teelöffeln Milch
Mittagessen: Eiweiß – z. B. Gebratene Kräuterseitlinge (S. 103), Entenbrust mit Mangold (S. 112), Spanische Kaninchenkeulen (S. 116)
Abendessen: Eiweiß – z. B. Wokgemüse mit Schweinefilet, Steaks mit Paprika-Mandel-Salsa (S. 124), Kalbsröllchen (S. 127), Garnelen-Fenchel-Pfanne (S. 136)

Reiner Nomaden-Typ

Spezialvariante der Schlank-im-Schlaf-Ernährung: Eiweißfasten mit 4 Eiweißmahlzeiten
Frühstück: auch bereits Eiweiß (z. B. Naturjoghurt mit Süßstoff + Nüsse + 1 Tasse Kaffee oder 3 Eier)
Mittagessen: Eiweiß – z. B. Putenschnitzel mit Gemüse, Lamm-Burger (Abendvariante, S. 56), Matjes (Abendvariante, S. 73)
Extraportion: Eiweiß – z. B. Eiersalat, Hüttenkäse, Thunfisch, Götterspeise (s. a. S. 47)
Abendessen: Eiweiß – z. B. Gemüsecurry, Rucola-Filet-Salat (S. 82), Warmer Pilzsalat mit Hähnchenspießen (S. 87)
Wichtig: Bei einer reinen Eiweißernährung über Tage oder Wochen – wie es ein Massai, ein Rentierjäger oder ein mongolischer Schafhirte handhabt – braucht es für die Produktion von ausreichend Körperwärme und die Zucker-, genauer Glukose-Gewinnung, für das Gehirn unbedingt eine vierte Eiweißportion! Empfehlenswert ist etwa alle vier Stunden eine Menge von 200 bis 250 Gramm Geflügel, Fisch, Fleisch, Milchprodukten bzw. 3 bis 4 Eier, das macht am Tag ca. 1 Kilogramm Eiweißnahrung (gewogen als Frischgewicht). Ein einzelner Eiweißtag funktioniert prima zum Entwässern (z. B. nach einem Party-Wochenende). Achten Sie bei einer hohen Eiweißzufuhr immer auch auf eine ausreichende Flüssigkeitszufuhr, d. h. trinken Sie mindestens 1,5 Liter am Tag.

So viel Energie brauchen Sie, um sicher abzunehmen

Mit der Insulintrennkost müssen Sie keine Kalorien zählen. Trotzdem lohnt es sich, zu Beginn erst einmal festzustellen, wo Sie in Sachen Energiebedarf stehen. Dazu müssen Sie Ihren Grundumsatz kennen. Darunter versteht man die Menge an Kalorien, die ein Körper für Herzschlag, Körpertemperatur, Verdauung, Atmen und die Aufrechterhaltung aller anderen Stoffwechselvorgänge braucht. Der Grundumsatz ist abhängig von Geschlecht, Alter und Magermasse (Muskeln und Organe), die Fettmasse dagegen beeinflusst ihn kaum. **Ihren Grundumsatz berechnen Sie als Mann nach der Formel »1 Kilokalorie pro Kilo Körpergewicht pro Stunde«. Für Frauen wird wegen der geringeren Muskelmasse zusätzlich mit 0,9 multipliziert.**

Um auf den Tagesenergiebedarf zu kommen, muss zum Grundumsatz der sogenannte PAL-Wert addiert werden. PAL ist die Abkürzung für »physical activity level«, das ist der Energiebedarf für alle Alltagsbewegungen in Haushalt oder Büro (ohne Sport). **Der PAL-Wert beträgt beim Mann 30 Prozent, bei der Frau 20 Prozent des Grundumsatzes.**

Beispiel 1: Ein 80 Kilogramm schwerer Mann hat nach der oben genannten Formel einen Grundumsatz von 80 x 24 = 1920 Kalorien. Dazu addiert man, um auf den Tagesenergiebedarf zu kommen, 30 Prozent des Grundumsatzes = 576 Kilokalorien. Der Tagesenergiebedarf dieses Mannes beträgt also in Summe 2496 Kalorien.

Beispiel 2: Eine 70 Kilo schwere Frau hat nach der oben genannten Formel einen Grundumsatz von 70 x 24 x 0,9 = 1512 Kalorien. Dazu werden nochmals 20 Prozent dieses Grundumsatzes addiert: 1512 + 302,40 Kilokalorien = 1814,40 Kalorien Tagesenergiebedarf.

Wenn Sie wissen wollen, wie viele Kalorien Sie täglich zu sich nehmen müssen, um gut abzunehmen, orientieren Sie sich am Grundumsatz. Dieser spiegelt eine Energielücke zum Gesamtbedarf, die vom Körper aus dem gespeicherten Fett gedeckt werden soll. Diese entsteht beim Schlank-im-Schlaf-Konzept abends durch das Weglassen der Kohlenhydrate, also 300 bis 500 Kalorien mit der entsprechenden Insulinabsenkung.

Und übrigens: Ihr errechneter Energiebedarf entsprechend dem Start-Grundmuster ändert sich eigentlich nie wieder bis zum siebzigsten Lebensjahr, weil ja nur überflüssige Fett-Kilos abschmelzen, aber der warme Muskelkern dauerhaft mit Kohlenhydratwärme und Regenerationseiweiß ernährt werden soll.

 Berechnung des persönlichen Grundumsatzes

Mein Gewicht: .... kg

Mein Grundumsatz:

für Männer: .... kg x 24 = ... Kilokalorien Grundumsatz

für Frauen: .... kg x 24 x 0,9 = ... Kilokalorien Grundumsatz

Kochen: Nur Kult oder doch Kultur?

Ob man sich selbst an Zitronengrasspießen mit handgemachten Gemüse-Cannelloni versuchen sollte oder lieber doch vom gemütlichen Fernsehsessel aus dabei zusieht, wie echte Spitzenköche und andere prominente Menschen verzwickte kulinarische Genüsse kreieren, ist offenbar ein viel diskutiertes Thema: Im Fernsehen oder im Internet und in jeder Frauenzeitschrift, die etwas auf sich hält – überall geht es ums Kochen. Starköche und -köchinnen genießen Kultstatus, und hochwertiges Küchenhandwerkszeug zu besitzen – von der gusseisernen Pfanne über das japanische Hackmesser bis hin zum Olivenentkerner und Trüffelhobel – liegt nach wie vor im Trend. Nicht zu vergessen sind auch kostbare und teure Gewürze, Salze, Essige und Öle, die heute mitunter ebenso hoch gehandelt werden wie edle Weine.

So viel zur Sonntags- und Liebhaberküche; der Alltag sieht jedoch meist anders aus. Oft fehlt einfach die Zeit, nach einem hektischen

Tag noch etwas Frisches, Selbstgekochtes in der Küche zuzubereiten. Dabei verbringen wir viel Lebenszeit mit Essen und Trinken:

Legt man die aktuelle durchschnittliche Lebenserwartung zugrunde, so isst ein Deutscher in seinem ganzen Leben knapp 80 000 Hauptmahlzeiten. Geht man von 30 Minuten Verzehrzeit pro Mahlzeit aus, kommen eben einmal sechs Lebensjahre zusammen, die Sie mit Essen verbringen. Zu schade, um diese kostbare Zeit mit Geschmacklosigkeiten zu verschwenden. Genießen Sie deshalb Ihre schnelle, frische Schlank-im-Schlaf-Küche und lassen Sie sich von den neuen Rezepten in diesem Kochbuch inspirieren!

Als der Mensch das Kochen lernte, …

Noch vor der Entwicklung des Ackerbaus und der Viehhaltung fand ein entscheidender Schritt in der Weiterentwicklung des Menschen statt: die Kontrolle des Feuers. Sie verschaffte ihm nicht nur Sicherheit und Schutz. Durch das Feuer war es erstmals möglich, Knollen, Wurzeln und auch Fleisch zu garen und damit in den Genuss einer bekömmlicheren und energiereicheren Nahrung zu kommen. Dieser Zivilisationsschritt war so gewaltig, dass er Eingang in die griechische Sagenwelt fand: Dem Helden Prometheus ist es demnach zu danken, dass das Überleben des Menschengeschlechts nicht mehr unmittelbar von der Gnade der allmächtigen Götter abhing. Im Sinne der Gleichberechtigung zwischen Göttern und Menschen unterwies der Titanensohn letztere im Schreiben, den Künsten und namentlich im Gebrauch des Feuers. Dass er sich dadurch den Zorn des Göttervaters aufs Haupt lud und an den Felsen des Kaukasus elende Qualen dulden musste, ist das unvermeidliche Ende des Helden. Für den Menschen hingegen bedeutete das

Feuer Unabhängigkeit. Endlich war er in der Lage, sich besser vor den Gefahren in der Natur und vor Kälte zu schützen. Er konnte Lebensmittel erhitzen und damit ihre Struktur und ihren Geschmack verändern. Das Grillen und Rösten am offenen Feuer legte auch den Grundstein zum Kochen. Und besonders das Kochen, so die Überzeugung von Evolutionsbiologen, hat den Menschen zu dem gemacht, was er heute ist. Zuvor schwer kaubare oder kaum verdauliche Lebensmittel oder gar Giftiges, wie grüne Bohnen, oder Nahrung wie zähes Fleisch, Knorpel und Fett sowie Zellulosefasern und Schalen der Hülsenfrüchte ergaben weich gekocht eine vielfach bessere Nährstoff- und Energieausbeute.

... wurde er erst zum Menschen

Der Biologe Richard Wrangham von der Harvard-Universität ist überzeugt davon, dass das enorme Gehirnwachstum des Menschen auf der Evolution des Kochens beruht. Und nicht nur das: Auch das soziale Miteinander hat sich seiner Meinung nach erst durch das gemeinsame Sitzen ums Feuer, Kochen und anschließend zusammen Schmausen herausgebildet. Dass Kochen und gemeinsam Essen dann auch noch der Paarbeziehung dient, indem es das Rollenmodell der kochenden Hausfrau sowie des »jagenden« und den Vorratsschrank füllenden Mannes abgibt, scheint vor diesem Hintergrund nur schlüssig. Manch einer schüttelt über derlei gewagte Thesen den Kopf, andere finden sie inspirierend. Tatsache ist, dass die Bedeutung des Kochens im Rahmen der Menschheitsentwicklung lange unterschätzt wurde. Schließlich unterscheiden wir uns nicht nur durch die Größe unseres Gehirns von unseren nächsten Verwandten im Tierreich – den Primaten –, sondern auch dadurch, dass wir gegarte Mahlzeiten verzehren (Quelle: Der Spiegel).

INFO

Essen hält das Gehirn fit

Der Einfluss, den Essen auf das Gehirn hat, wird rege erforscht. So wissen Neurowissenschaftler heute, dass bestimmte Stoffe aus der Nahrung direkt auf das Gehirn und die Produktion bestimmter Hormone wirken. Bestimmte Aminosäuren – wie etwa Tryptophan aus Fleisch oder Milch – werden im Gehirn in das Glückshormon Serotonin umgewandelt. Andere Stoffe wirken wie eine natürliche Anti-Aging-Medizin auf die grauen Zellen und schützen es vor Schäden. Besonders weit oben in Sachen Gehirngesundheit stehen die Omega-3-Fettsäuren. Zu ihnen gehören die Eicosapentaensäure (EPA) und die Docosahexaensäure (DHA), die Sie etwa mit einem Bismarckhering oder einer Scheibe Lachs verzehren. Diese Fettsäuren sind wichtiger Bestandteil der Membranen und Nervenscheiden der Gehirnzellen. Im Experiment ließ sich zeigen, dass der regelmäßige Verzehr von Fisch und Meeresfrüchten positiv auf die Merk- und Entscheidungsfunktionen sowie die Intelligenzleistung und Schnelligkeit des Gehirns wirken, sogar beim noch Ungeborenen. Auch Beeren, die reich an Pflanzenschutzstoffen (Polyphenolen) sind, schützen vor schädlichen Prozessen in den Zellen ebenso wie das Curcumin im Currygewürz, namentlich in dessen gelb färbender Komponente Kurkuma, oder Cholin aus Eiern. Isolierter Zucker und gesättigte Fette im Übermaß sorgen hingegen für einen gegenteiligen Effekt: Im Versuch ließ sich zeigen, dass die Tiere degenerierten.

Futter für die grauen Zellen

Nun gibt es für das enorme Hirnwachstum zwei Theorien: Die eine besagt, dass eine stark eiweißreiche Kost aus Wildbret und Pflanzen dafür sorgte, dass die Hirnzellen sprießen konnten.

Spannender ist allerdings Theorie Nummer 2: Beim Garen wird Nahrung nicht nur weich, sondern es erhöht sich auch ihr verdaubarer Energiegehalt. Insbesondere beim Garen von Knollen und Wurzeln erweicht Stärke – ein Vielfachzucker, der dann rasch in kleinere Zuckerbausteine zerfällt. Nun ist insbesondere unsere Steuerzentrale im Kopf ausschließlich zuckerhungrig bzw. benötigt reinen Traubenzucker (Glukose) als Energiespender.

Konzentrierte Stärke aus allen Getreidearten und aus Reis, Mais und Kartoffeln versorgt das Gehirn mit Zucker, obwohl sie eigentlich zunächst gar nicht süß schmeckt. Dass es sich bei Stärke um einen Zucker handelt, merken Sie erst, wenn Sie beispielsweise ein Stück Brot sehr lange kauen, ohne zu schlucken. Ein Enzym im Speichel, die Amylase, spaltet dabei nach und nach die Stärke in ihre einzelnen Glukosebestandteile auf, und Sie nehmen den süßen Geschmack wahr.

Doch nicht nur unter dem Einfluss von Spaltenzymen wird die Stärke zu verwertbarem Zucker für das Gehirn. Das Erwärmen von stärkehaltigen Lebensmitteln sorgt dafür, dass die Stärkeketten schon beim Garprozess in Zuckerbausteine zerkleinert werden, sichtbar am raschen, starken Anstieg des Insulins nach dem Essen (s. Grafik rechts). Der Stoffwechsel muss nach dem Verzehr eines gegarten stärkehaltigen Lebensmittels nur wenig Energie aufwenden, um den Zucker ins Blut zu schleusen. Zweierlei ist die Folge: Das Essen enthält wesentlich mehr verwertbare Energie als im Rohzustand. Für unsere jagenden, sammelnden Urahnen war dies von erheblichem Vorteil. Sie mussten jetzt weit weniger rohe Nahrung – Blätter, Samen, Wurzeln, Beeren, Pilze und Fleisch – zu sich nehmen als vorher und hatten damit mehr Zeit für die Weiterentwicklung der »menschlichen« Fähigkeiten sowie für die Entdeckung neuer Geschmäcker und Aromen, die nur während des Garprozesses von Lebensmitteln entstehen.

 **INFO**

Essen wie in der Steinzeit?

US-Forscher analysierten den Speiseplan der Jäger und Sammler und kamen zu dem Schluss, dass die meisten Gemeinschaften gut 60 Prozent ihrer Nahrung aus Wildfleisch bezogen. Ausnahmen bilden Naturvölker aus Papua Guinea oder Mexiko, die sich seit jeher vor allem von Getreide und Hülsenfrüchten ernähren. Schließlich ist der Mensch ein Allesesser und passt sich an das regionale Nahrungsangebot an. Für die meisten heutigen übergewichtigen Menschen scheint die sogenannte Steinzeiternährung jedoch zu passen: Hier liegt der Fett- und Eiweißanteil bei 50 bis 80 Prozent, der Kohlenhydratanteil dagegen bei einem Viertel der Tageskalorien. Im Schlank-im-Schlaf-Konzept ist diese Verteilung berücksichtigt in Form der Ernährungstypen und zudem auf den Biorhythmus des menschlichen Stoffwechsels abgestimmt. So befinden sich Energiezufuhr und -verbrauch im Gleichgewicht, und der Insulinspiegel erreicht keine gesundheitlich riskanten Spitzen. – Siehe auch das typgerechte Ernährungsprogramm auf Seite 22.

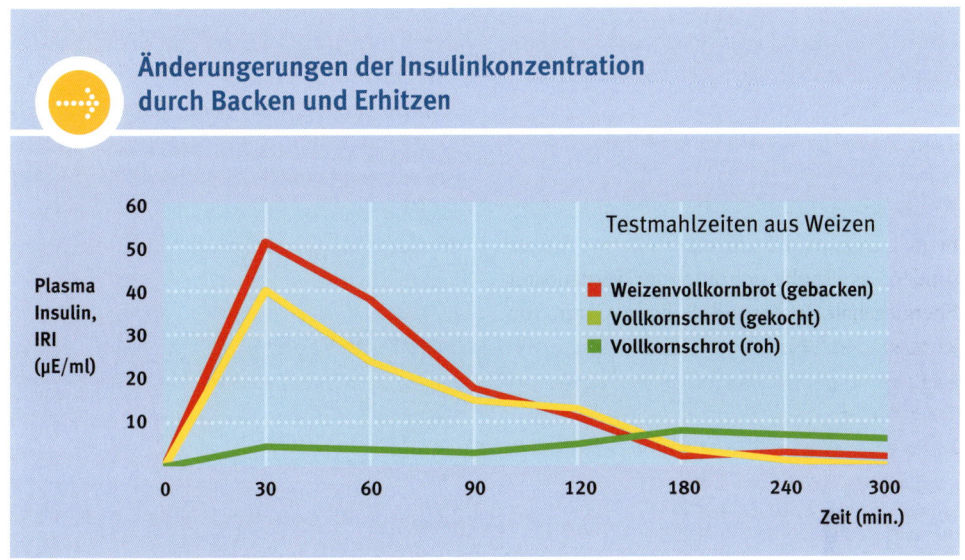

Quelle: Koerber, Männle, Leitzmann: Vollwert-Ernährung. Haug-Verlag

(Warmes) Essen macht glücklich

Für den homo erectus bedeutete die neue Errungenschaft des Kochens natürlich nicht nur die Beherrschung einer neuen Kunst, sondern in erster Linie das blanke Überleben. Schließlich entwickelten sich die Zähne des Altsteinzeitmenschen durch die weiche Nahrung immer weiter zurück und auch Magen und Darm brauchten im Körper weniger Platz als bei früheren Menschenarten. Das bedeutete, dass zunehmend Gegartes erforderlich war für jede nächste Generation statt zähem Wurzelwerk. Das heimische Feuer wurde deshalb zum wichtigsten Treffpunkt an jedem Tag, der auch zu jener Zeit noch ganz der sehr stressreichen Nahrungsbeschaffung gewidmet war. Jetzt durfte der Urmensch am Feuer walten und die Sippe mit frisch Gegrilltem versorgen. Ein Tagesausklang, der sich vor allem bei den männlichen Nachkommen offenbar tief ins Genmaterial versenkt hat ...

Die Entwicklung des guten Geschmacks

Dabei entwickelte der Mensch eine unglaubliche Kreativität bei der Entwicklung neuer Genüsse. Dass wir heute eine Peking-Ente, Kartoffel-Blumenkohl-Curry oder Pfirsich mit Pistazien-Zabaione schätzen, ist eine typisch menschliche Eigenschaft. Auch das unterscheidet uns von unseren Cousins Gorilla, Schimpanse & Co. Kein Tier ist in der Lage, die Geschmacksnuancen, die ein frisch zubereitetes Gericht entfalten kann, wie ein Mensch zu interpretieren. Auch wenn Katze und Hund feine Nasen haben, so sind ihre Riechorgane für Lukullisches letztlich nicht gemacht. Für den Menschen hingegen sind Duft und Geschmack eine echte Gefühlsangelegenheit: Schließlich liegen die jeweils dafür verantwortlichen Areale im Gehirn eng beieinander. Das erklärt, warum der Duft von frisch gebackenem Brot oder einer Weihnachtsgans regelrecht glücklich machen kann.

Ein Plädoyer für gutes Essen

Im Schlank-im-Schlaf-Kochbuch für Berufstätige konnten wir überzeugend zeigen, dass man auch mit hochwertigen Fertiggerichten, Zutaten aus der Kühltheke oder dem Gefrierfach leckere Gerichte zaubern kann. Ging es hier jedoch in erster Linie um Mahlzeiten, die man gut vorbereiten, bevorraten und mit ins Büro nehmen kann, ist es uns in diesem Buch ein wichtiges Anliegen, sich wieder aktiv dem kreativen Kochen zuzuwenden und so auf verschiedenen Ebenen ein Mehr an Lebensqualität zu gewinnen.

Kochen ist nicht nur eine Kulturtechnik und damit für die Entwicklung des Menschen ebenso bedeutend wie Lesen oder Schreiben. Kochen bedeutet auch, dass Sie allein es im Griff haben, wie gut ein Gericht schmeckt. Außerdem behalten Sie den Überblick darüber, was wirklich auf Ihrem Teller landet. Insofern ist das Selbstkochen auch ein unentbehrliches Handwerkszeug beim gesunden Abnehmen und vor allem beim Gewicht halten. Sie befassen sich intensiver mit Lebensmitteln und was in ihnen steckt und müssen sich auch weniger Sorgen um versteckte Fette und Zucker machen, die nicht wenige Fertigprodukte unerwünscht bereichern. Nicht zuletzt können Sie mit frisch zubereiteten leckeren Mahlzeiten auch Ihren Partner und/oder Ihre Familie mit ins Schlank-im-Schlaf-Boot nehmen und sorgen so für ganz besondere gemeinsame Genusserlebnisse.

Selbst kochen macht schneller schlank ...

Tatsache ist, dass hausgemachte und schonend zubereitete Mahlzeiten aus frischen Zutaten eine höhere Nährstoffdichte aufweisen als viele Fertigzubereitungen. In ihnen stecken mehr Vitamine und Mineralstoffe und dabei aber – sofern Sie die Schlank-im-Schlaf-Regeln beherzigen – nur so viel Kalorien, dass Sie gut abnehmen. Selbst zu kochen ist in aller Regel auch günstiger, als eine Fertigmahlzeit zuzubereiten oder sich etwas fertig Gekochtes beim Metzger, am Imbissstand oder in einem Fast-Food-Restaurant zu besorgen. – Bei zwei Erwachsenen und zwei Kindern kommen in einem Fast-Food-Laden schnell einmal 15 bis 20 Euro zusammen. Für denselben Betrag können Sie zu Hause ein mehrgängiges leckeres Menü zaubern.

Nicht zuletzt sparen Sie sich, wenn Sie das Essen am heimischen Herd zubereiten, die anstrengende Lektüre der langen Zutatenlisten auf den Verpackungen von Fertiggerichten. Denn viele Produkte enthalten neben den Hauptzutaten noch eine Menge an Hilfs- und Zusatzstoffen.

... und viel Spaß!

Die Zubereitung einer Mahlzeit ist nicht nur eine sinnvolle, sondern auch eine sehr sinnenfrohe, dem Leben zugewandte Beschäftigung. Lassen Sie das Genusserlebnis Essen doch bereits beim Einkaufen beginnen, es wird sich dann beim Vorbereiten, Schälen und Schnippeln der frischen Zutaten fortsetzen und noch lange nicht beim Würzen und Abschmecken enden. Denn bevor Sie das Gericht dann genüsslich und mit Muße verspeisen, werden Sie es ansprechend auf dem Teller anrichten.

Selbst wenn Sie das Kochen gerade erst für sich entdecken und noch nicht auf einen großen Erfahrungsschatz in Sachen kulinarischer Fertigkeiten zurückblicken können, bleiben Sie locker. Unsere Rezepte sind auch für Einsteigerinnen und Eilige gut machbar.

Schenken Sie mit dem Kochen Ihrer täglichen Nahrung und den Lebensmitteln, die Sie dabei verzehren, den gebührenden Raum und lassen Sie damit Ihr Essen wieder zu einem echten – und schlank machenden – Genusserlebnis werden.

Jetzt wird gegessen!

In den Rezepten dieses Buchs dreht sich alles um Frische und guten Geschmack. Mit den Basis-Lebensmitteln aus unseren Tabellen ab Seite 30 werden Sie bereits nach kurzer Zeit auch ganz ohne Rezeptanleitung in gut 20 Minuten für sich und Ihre Lieben eine köstliche, aromenreiche und gesunde Mahlzeit zubereiten können – Schlankheitsfaktor garantiert! Hier die Schlank-im-Schlaf-Rezeptregeln:

▶ Die Eiweißportionen (fettarme Fleisch- und Geflügelsorten, Milchprodukte sowie pflanzliche Eiweißlieferanten) machen pro Mittags- und Abendmahlzeit 150 bis 200 Gramm aus.

▶ An Brot- und Getreideprodukten (morgens und mittags) sowie gekochten Nudeln und gekochtem Reis rechnen Sie 150 bis 200 Gramm, an Kartoffeln das Doppelte, also etwa 300 bis 500 Gramm. (Reis und Nudeln roh: 100 bis 125 Gramm.) Gemüse, Salate und Obst machen pro Mahlzeit 150 bis zu 250 Gramm aus.

▶ In allen Rezepten wird Pflanzenöl und Fett sparsam verwendet (etwa 20 bis 25 Gramm pro Mahlzeit).

▶ Denken Sie daran, genügend zu trinken. Stellen Sie sich am besten immer eine Karaffe oder eine Flasche mit Wasser in die Nähe und versuchen Sie, etwa 1,5 bis 2 Liter Flüssigkeit am Tag zu sich zu nehmen. Säfte und Softdrinks sollten Sie nur zum Essen trinken.

In den Schlank-im-Schlaf-Rezepten stimmt die Zusammensetzung der Nährstoffe für Frühstück, Mittag- und Abendessen gemäß obiger Empfehlungen. Auf den folgenden Seiten finden Sie eine Auswahl an optimalen Schlank-im-Schlaf-Zutaten für den Vorratsschrank sowie Kühlschrank und Gefriertruhe.

Was darf ich essen? – Auswahltabelle

Morgens: Kohlenhydrate – ja! Tierisches Eiweiß – nein!

	KH	E	F	Energie	Portionsgröße
Brot und Backwaren		pro 100 g Nahrungsmittel			
Croissants	30 g	7 g	30 g	420 kcal	1 Stück = 50 g
Knäckebrot	66 g	10 g	2 g	318 kcal	1 Scheibe = 10 g
Mischbrot/Graubrot	48 g	6 g	1 g	226 kcal	1 Scheibe = 50 g
Rosinenbrötchen	48 g	7 g	8 g	297 kcal	1 Stück = 45 g
Vollkornbrot	41 g	8 g	1 g	204 kcal	1 Scheibe = 50 g
Vollkorntoastbrot	40 g	10 g	3 g	233 kcal	1 Scheibe = 30 g
weiße Brötchen	56 g	8 g	2 g	272 kcal	1 Stück = 50 g
Weizentoastbrot	48 g	7 g	5 g	260 kcal	1 Scheibe = 30 g
Fette und Öle					
Butter	1 g	1 g	83 g	754 kcal	1 TL = 5 g
Halbfettbutter	+	5 g	41 g	385 kcal	1 TL = 5 g
Halbfettmargarine	+	2 g	40 g	368 kcal	1 TL = 5 g
Margarine	+	+	80 g	722 kcal	1 TL = 5 g
Pflanzenöl	0 g	0 g	99,8 g	899 kcal	1 EL = 10 g
Süße und pikante Brotaufstriche					
Erdbeerkonfitüre	63 g	+	0 g	256 kcal	1 TL = 10 g
Nuss-Nugat-Creme	60 g	4 g	30 g	522 kcal	1 TL = 10 g
Rübenkraut	37 g	1 g	0 g	273 kcal	1 TL = 10 g
Sojaaufstrich	6 g	8 g	20 g	237 kcal	30 g
Getreideprodukte					
Cornflakes	80 g	7 g	1 g	356 kcal	10 EL à 4 g = 40 g
Früchtemüsli	60 g	10 g	6 g	340 kcal	5 EL à 10 g = 50 g
Haferflocken	58 g	12 g	8 g	354 kcal	5 EL à 10 g = 50 g
Schokomüsli	60 g	10 g	12 g	390 kcal	5 EL à 10 g = 50 g
Früchte					
Apfel	11 g	+	+	54 kcal	1 Stück = 150 g
Banane	21 g	1 g	+	94 kcal	1 Stück = 125 g
Birne	12 g	1 g	+	55 kcal	1 Stück = 125 g
Erdbeere	6 g	1 g	+	32 kcal	125 g
Kirsche	13 g	1 g	+	63 kcal	125 g
Kiwi	10 g	1 g	+	50 kcal	1 gr. Stück = 100 g
Orange	8 g	1 g	+	42 kcal	1 Stück = 125 g
Pfirsich	10 g	1 g	+	43 kcal	1 Stück = 125 g
Weintraube	15 g	1 g	+	68 kcal	125 g

Alle Nährwerte sind gerundet.   +: Spuren des Nährstoffs vorhanden
Quellen: Gesellschaft für Adipositas- und Ernährungsberatung 2001 (Tel. 06131/240530).

Mittags: Kohlenhydrate – ja! Eiweiß – ja!

	KH	E	F	Energie	Portionsgröße
Getreideprodukte	pro 100 g Nahrungsmittel				
Eierteigwaren	70 g	13 g	3 g	347 kcal	100 g
Hartweizennudeln	75 g	13 g	1 g	362 kcal	100 g
Naturreis	73 g	7 g	2 g	343 kcal	10 EL à 10 g = 100 g
Reis, poliert	78 g	7 g	1 g	344 kcal	10 EL à 10 g = 100 g
Vollkornnudeln	64 g	15 g	3 g	343 kcal	100 g
Kartoffelprodukte					
Kartoffelknödel	25 g	2 g	+	108 kcal	1 Knödel = 90 g
Kartoffeln, gekocht	15 g	2 g	0 g	70 kcal	1 mittelgr. Stück = 70 g
Kartoffelpüree	13 g	2 g	3 g	92 kcal	200 g
Pommes frites (Backofen)	28 g	3 g	6 g	174 kcal	150 g
Hülsenfrüchte, getrocknet					
Bohnen	40 g	22 g	2 g	262 kcal	100 g (roh)
Erbsen	41 g	23 g	1 g	69 kcal	100 g (roh)
Linsen	52 g	24 g	1 g	315 kcal	100 g (roh)
Gemüse/Rohkost					
Blumenkohl/Brokkoli	2 g	2,5 g	+	20 kcal	200 g
Eisbergsalat	4 g	3 g	+	40 kcal	50 g
Grünkohl	3 g	4 g	1 g	37 kcal	200 g
Kohlrabi	4 g	2 g	+	24 kcal	100 g
Möhre	3 g	1 g	+	18 kcal	1 kl. Stück = 50 g
Paprikaschote	3 g	1 g	+	19 kcal	1 Stück = 150 g
Rotkohl	3 g	2 g	+	21 kcal	200 g
Salatgurke	2 g	1 g	+	12 kcal	½ Stück = 200 g
Spargel	1 g	2 g	+	13 kcal	200 g
Spinat	1 g	2 g	+	14 kcal	200 g
Tomate	3 g	1 g	+	17 kcal	1 mittelgr. Stück = 50 g
Zucchini	2 g	2 g	+	19 kcal	1 mittelgr. Stück = 125 g

Milchprodukte/Käse/Tofu
wie abends

Fleisch/Fleischwaren
wie abends

Fisch					
Fischstäbchen	17 g	13 g	7 g	180 kcal	5 Stück = 150 g
Forelle	+	20 g	3 g	102 kcal	1 mittelgr. Stück = 180 g
Kabeljaufilet (Dorsch)	+	17 g	0,6 g	75 kcal	150 g
Lachs	+	20 g	14 g	202 kcal	150 g
Seelachsfilet	+	18 g	1 g	80 kcal	150 g

Abends: Tierisches Eiweiß – ja! Kohlenhydrate – nein!

	KH	E	F	Energie	Portionsgröße
Fleisch/Fleischwaren		pro 100 g Nahrungsmittel			
Brathuhn mit Haut	+	20 g	10 g	166 kcal	125 g
Ente	+	18 g	17 g	227 kcal	125 g
Frikadellen	7	20 g	16 g	250 kcal	1 Stück = 125 g
Hackfleisch (halb/halb)	+	20 g	20 g	260 kcal	125 g
Kasseler	+	21 g	17 g	237 kcal	125 g
Lammkotelett	+	15 g	32 g	348 kcal	125 g
Putenbrust	+	24 g	1 g	105 kcal	125 g
Rinderfilet	+	21 g	4 g	121 kcal	125 g
Schweineschnitzel	+	22 g	2 g	106 kcal	125 g
Tatar	+	21 g	3 g	112 kcal	125 g
Fisch und Ei					
Brathering	+	17 g	15 g	204 kcal	1 Stück = 180 g
Forelle	+	20 g	3 g	102 kcal	1 mittelgr. Stück = 180 g
Kabeljaufilet (Dorsch)	+	17 g	0,6 g	75 kcal	150 g
Lachs	+	20 g	14 g	202 kcal	150 g
Lachs, geräuchert	0 g	28 g	19 g	288 kcal	50 g
Makrele, geräuchert	+	21 g	16 g	222 kcal	1 mittelgr. Stück = 250 g
Seelachsfilet	+	18 g	1 g	80 kcal	150 g
Thunfisch in Öl	+	24 g	21 g	283 kcal	1 Dose = 185 g
Hühnerei	1 g	13 g	12 g	160 kcal	1 Stück = ca. 60 g
Milchprodukte					
Crème fraîche 40 % Fett	3 g	2 g	40 g	378 kcal	1 Becher = 100 g
Joghurt 1,5 % Fett	5 g	3 g	1,5 g	47 kcal	1 kl. Becher = 150 g
Joghurt 3,5 % Fett	4 g	3 g	3,5 g	61 kcal	1 kl. Becher = 150 g
saure Sahne 10 % Fett	4 g	3 g	10 g	117 kcal	1 kl. Becher = 150 g
Zaziki	4 g	4 g	3 g	58 kcal	1 EL = 30 g
Käse/Tofu					
Camembert 30 % F. i. Tr.	+	23 g	13 g	206 kcal	30 g
Camembert 60 % F. i. Tr.	+	17 g	33 g	366 kcal	30 g
Frischkäse 20 % F. i. Tr.	3 g	13 g	8 g	134 kcal	1 EL = 30 g
Gouda 48 % F. i. Tr.	+	23 g	28 g	343 kcal	1 Scheibe = 30 g
Harzer/Korbkäse	+	30 g	1 g	126 kcal	30 g
Magerquark	4 g	14 g	0,3 g	73 kcal	1 EL = 30 g
Mozzarella 45 % F. i. Tr.	+	19 g	20 g	255 kcal	30 g
Schafskäse 45 % F. i. Tr.	+	17 g	19 g	236 kcal	30 g
Tofu	1 g	8 g	5 g	77 kcal	100 g

Gemüse/Rohkost
wie mittags, jedoch keine Möhren

Alle Nährwerte sind gerundet.   +: Spuren des Nährstoffs vorhanden
Quellen: Gesellschaft für Adipositas- und Ernährungsberatung 2001 (Tel. 06131/240530).

Was darf ich trinken? – Auswahltabelle

Immer: Kalorienfreie bzw. nahezu kalorienfreie Getränke

Leitungswasser, nach Wunsch mit Ingwerscheiben/Zitronenscheiben • Mineralwasser, mit/ohne Kohlensäure, nach Wunsch aromatisiert • Kräutertee • schwarzer Tee mit 1–2 TL Sahne, grüner Tee • Kaffee mit 2 TL Milch oder 1 TL Kondensmilch, Espresso, Cappuccino mit Sahne

Energieliefernde Getränke für morgens:

	KH	E	F	Energie	Portionsgröße
	pro 100 g Nahrungsmittel				
Ananassaft	13 g	+	+	59 kcal	1 Glas = 200 ml
Apfelsaft	12 g	+	+	57 kcal	1 Glas = 200 ml
Grapefruitsaft	10 g	1 g	+	47 kcal	1 Glas = 200 ml
Orangensaft	9 g	1 g	+	44 kcal	1 Glas = 200 ml
Saftschorle (Apfel)	5 g	+	+	25 kcal	1 Glas = 200 ml
Sojamilch	6 g	4 g	2 g	52 kcal	1 Glas = 200 ml

Energieliefernde Getränke für mittags:*

	KH	E	F	Energie	Portionsgröße
	pro 100 g Nahrungsmittel				
Buttermilch	4 g	4 g	0,5 g	35 kcal	1 Glas = 200 ml
Colagetränk	11 g	0 g	0 g	57 kcal	1 gr. Glas = 500 ml
Diät-Fruchtsaftgetränk	4 g	1 g	+	23 kcal	1 Glas = 200 ml
Gemüsesaft	3 g	2 g	+	22 kcal	1 Glas = 150 ml
Kefir 1,5 % Fett	4 g	3 g	2 g	50 kcal	1 Glas = 200 ml
Kuhmilch 1,5 % Fett	5 g	3 g	1,5 g	47 kcal	1 Glas = 200 ml
Kuhmilch 3,5 % Fett	5 g	3,3 g	3,5 g	64 kcal	1 Glas = 200 ml
Limonade	12 g	0 g	0 g	49 kcal	1 gr. Glas = 500 ml
Molke, süß	5 g	1 g	+	25 kcal	1 Glas = 200 ml
Orangensaft	9 g	1 g	+	44 kcal	1 Glas = 200 ml
Saftschorle (Apfel)	5 g	+	+	25 kcal	1 Glas = 200 ml
Tomatensaft	2 g	1 g	+	15 kcal	1 Glas = 150 ml

Energieliefernde Getränke für abends:*

	KH	E	F	Energie	Portionsgröße
	pro 100 g Nahrungsmittel				
Buttermilch	4 g	4 g	0,5 g	35 kcal	1 Glas = 200 ml
Colagetränk, light	+	0 g	0 g	‹1 kcal	1 Glas = 200 ml
Kefir 1,5 % Fett	4 g	3 g	2 g	50 kcal	1 Glas = 200 ml
Kuhmilch 1,5 % Fett	5 g	3 g	1,5 g	47 kcal	1 Glas = 200 ml
Kuhmilch 3,5 % Fett	5 g	3,3 g	3,5 g	64 kcal	1 Glas = 200 ml
Limonade, light	0 g	0 g	0 g	3 kcal	1 Glas = 200 ml
Molke, süß	5 g	1 g	+	25 kcal	1 Glas = 200 ml

* Für den Genussmenschen, der mittags oder abends auf seinen Wein oder sein Bier nicht verzichten möchte, sind darüber hinaus 0,2 Liter Wein oder 0,3 bis 0,5 Liter Bier (mit oder ohne Alkohol) täglich erlaubt.

Fixe Rezepte
für Genießer

Jetzt gibt's Frühstück
Energie für den Tag

Ihr Gehirn braucht morgens dringend Zucker (mindestens 120 Gramm Glukose aus Kohlenhydraten), um tagsüber gute Arbeit leisten zu können. Diesen Zucker erhalten unsere grauen Zellen aus Getreidestärke, die wir zum Beispiel in Form eines Müsli-Frühstücks oder mit einem süßen bzw. herzhaften Brotfrühstück zu uns nehmen. Zum Frühstück gibt es bereits den größten Teil der Kohlenhydrate (75 bis 125 Gramm, je nach BMI), die Ihr Gehirn bis zum nächsten Morgen braucht. Brot, Brötchen und Gebäck, herzhafte vegetarische oder süße Brotaufstriche, wie Marmelade, Honig, Nuss-Nougat-Creme etc., Müsli, Getreide, Körner und Flocken, Obst und Fruchtsaft am Morgen sättigen hervorragend, füttern Ihre Muskelzellen und heizen Ihren Stoffwechsel an. So sind Sie nach Ihrer ersten Mahlzeit des Tages fit und energiegeladen und brauchen nicht zu frieren.

Energie pur

Zudem sorgt ein ballstoffreiches und weniger energiereiches Frühstück (Kohlenhydrate pur sind keine Dickmacher!) für eine gute Magendehnung und damit ein starkes Sättigungsgefühl. So halten Sie die fünfstündige Pause bis zum Mittagessen locker durch. Die Ballaststoffe, die jetzt in Ihrem Frühstück stecken, kurbeln auch die Verdauung an und sorgen für einen »Warmstart« in den Tag. Wichtig ist jetzt Ihr individueller Kohlenhydratbedarf.

Wie Sie diesen berechnen, finden Sie im Kasten auf Seite 18.

Falls Sie übrigens zu Beginn Ihrer Ernährungsumstellung doch einmal zwischendurch der Hunger plagen sollte, bedienen Sie sich an einem kleinen, feinen Notfallvorrat. Wie der aussieht, sehen Sie auf Seite 47 im Kasten.

Genießen Sie die Vielfalt

Um fit und gut versorgt in den Tag zu starten, genießen Sie Ihr Lieblings-Frühstück: Brötchen, Toast mit Streichfett und Müsli sorgen jetzt für relativ schwache Insulin-Reaktionen, was die Bauchspeicheldrüse entlastet. Manchen schmecken eher vegetarische Brotaufstriche aus pflanzlichem Eiweiß und Fett, die nur eine schwache Insulinantwort auslösen. Nach Belieben können auch Margarine oder Butter (20 Gramm) unter Marmelade, Honig oder Rübenkrautaufstrich. Nuss-Nugat-Creme hingegen hat Eigenfett genug, hier braucht es kein zusätzliches Streichfett.

Wurst, Käse, Milch und Milchprodukte gibt es erst ab Mittag, da tierisches Eiweiß nach der nächtlichen Ruhephase, wenn Sie erst langsam für Ihr Tagesgeschäft mit Kohlenhydraten »warmlaufen«, für einen zu hohen Anstieg des Insulinspiegels sorgen würden. Das wiederum würde durch die nachfolgende Unterzuckerung schnell wieder Hunger bedeuten. Die versteckten Fette in diesen Lebensmitteln behindern außerdem in ruhenden Muskelzellen, wenn Sie beispielsweise vormittags einer Büroarbeit nachgehen, die Zuckerverbrennung. Gesättigte tierische Fette provozieren eine innere Fett-Insulin-Resistenz der Muskelrezeptoren (s. Abb. Seite 15).

Für Müsli-Liebhaber

Sie mögen es morgens gerne kernig und fruchtig? Dann essen Sie sich wie gewohnt an einer ballaststoffreichen Portion Müsli mit Nüssen und frischen oder getrockneten Früchten satt: Lassen Sie Ihrer Fantasie dabei freien Lauf. Alle Lieblingsgetreidesorten, jede Art von Flocken und auch Cornflakes oder Schoko-Müsli sind erlaubt. Lediglich beim Anrühren Ihres Müslis sollten Sie sich etwas umstellen: Milch und Joghurt sind morgens tabu, da sie tierisches Eiweiß sind. Lassen Sie sich stattdessen Ihr Müsli mit Säften, Sojamilch, Sojajoghurt (pflanzliches Eiweiß ist in Ordnung), Reismilch oder auch etwas Sahne verdünnt mit Wasser (50 ml Sahne, 150 ml Wasser) schmecken, nach Belieben auch mit honiggesüßtem Wasser oder mit Früchtetee.

Süßes Brotfrühstück

Wer morgens Süßhunger hat, wird am wenigsten Probleme damit haben, sich an das üppige Insulintrennkost-Frühstück zu gewöhnen. Erlaubt ist (fast) alles: Jede Brot- oder Toastsorte, Weizenbrötchen genauso wie Vollkornbrötchen, aber auch Croissants oder süße Teilchen vom Bäcker. Lassen Sie sich dazu Ihre Lieblingsmarmelade, Honig oder Nuss-Nugat-Creme oder auch frisches Obst und/oder einen Saft schmecken.

(Fortsetzung des Textes s. Seite 40)

TIPP

Genießen Sie Ihr Brot, Brötchen oder Toast am besten mit Streichfett, z.B. mit Margarine, Butter, Erdnussbutter, Pesto oder auch mit vegetarischen »Schmalz«-Aufstrichen. Denn Fett bremst die Insulinausschüttung. Verwenden Sie morgens daher ruhig 20 bis 25 Gramm Butter oder Aufstrich auf Nuss-, Pflanzenfett- oder Pflanzenölbasis.

Frühstücks-Baukasten

Morgens gibt es immer Kohlenhydrate, und zwar entsprechend Ihrem individuellen Bedarf (Berechnung siehe Seite 18). Dabei sollte das Frühstück die Hälfte des täglichen Kohlenhydratbedarfs enthalten. Die Kohlenhydrate stammen aus folgenden Quellen: Brot oder Brötchen, Müsli und Getreideflocken, Obst, Saft, fruchtige Brotaufstriche, Honig, alle Marmeladensorten, Ahornsirup, Rübenkraut, Nuss-Nugat-Creme. Diätmarmeladen mit Zuckerersatzstoffen sind völlig überflüssig, da das Gehirn den Zucker (genauer die Glukose) braucht. Für alle, die morgens gerne auch pikant essen, gibt es nach Belieben noch Gemüserohkost und Kräuter sowie eine Portion pflanzliches Eiweiß aus Sojaprodukten (Sojamilch, -joghurt, Sojaaufstrich).

Mithilfe des nachfolgenden Baukastens können Sie ganz einfach ein Frühstück nach Ihrem Geschmack zusammenstellen. Genießen Sie dazu ein bis drei Tassen Kaffee mit oder ohne Zucker und nach Belieben mit ein wenig Milch (2 Esslöffel), alternativ zwei Tassen Tee oder ein Glas Fruchtsaft.

Beispiel: Für eine Frau mit einem BMI über 30, die mit dem Frühstück 100 Gramm Kohlenhydrate zu sich nehmen sollte, käme z. B. diese Kombination in Frage: 1 Croissant und 1 Scheibe Bauernbrot (ca. 50 Gramm KH), 2 TL Konfitüre und 2 TL Nuss-Nugat-Creme (ca. 25 Gramm KH), 10 Gramm Butter und 10 Gramm vegetarischer Brotaufstrich/Sojabrotaufstrich, 1 Pfirsich (ca. 25 Gramm KH).

Der Klassiker: Brotfrühstück

Brot & Gebäck (je ca. 50 g KH)

1 Baguettebrötchen (100 g)

2 Scheiben Bauernbrot (100 g)

2 Croissants (120 g)

7 Scheiben Knäckebrot (70 g)

1–2 Laugenbrezeln, je nach Größe (100 g)

1–2 Laugenbrötchen, je nach Größe (100 g)

1–2 Laugenstangen, je nach Größe (100 g)

2 Milchbrötchen (100 g)

2 ½ Scheiben Mischbrot (100 g)

3 Scheiben Roggenbrot (120 g)

2 Roggenbrötchen (100 g)

2 Rosinenbrötchen (100 g)

2 ½ Scheiben Vollkornbrot (125 g)

1 ½ Vollkornbrötchen (120 g)

2 ½ Scheiben Weißbrot (100 g)

3–5 Scheiben Weizentoast (100 g)

2 Weizenbrötchen (100 g)

7 Scheiben Zwieback (70 g)

3–4 Scheiben Pumpernickel (120 g)

Süße Aufstriche (je ca. 13 g KH)

2 TL Fruchtkonfitüre

2 TL Orangenmarmelade

2 TL Honig

2 TL Nuss-Nugat-Creme

2 TL Pflaumenmus

2 TL Rübenkraut

Herzhafte Aufstriche (1 EL entspricht 10 g)

5 EL vegetarischer Brotaufstrich = 20 g Fett

2 ½ EL Butter = 20 g Fett

2 ½ EL Erdnussbutter, gesalzen = 20 g Fett

2 ½ EL Pflanzenmargarine = 20 g Fett

Dazu: frische Früchte (je 13 g * bzw. 25 g KH)

200 g Ananas

2 kleine Äpfel

6 Aprikosen

1 mittelgroße Banane

2 kleine Birnen

250 g Beeren *

1 Grapefruit

½ kleine Honigmelone

1 ½ Kiwi *

2–3 Mandarinen *

1 Mango (ca. 200 g) *

1 Pfirsich *

1 große Orange *

75 g Weintrauben *

... oder Gemüserohkost (je ca. 5 g KH)

½ Kohlrabi

1 Tomate

¼ Salatgurke (100 g)

½ Paprika

4 Radieschen

Energiegeladen mit Müsli & Co.

Die Getreidebasis (je ca. 50 g KH)

60 g Cornflakes, ohne Zucker

60 g Cornflakes, gesüßt

8 EL Flockenmischung (80 g)

8 EL Fruchtmüsli, ungesüßt (85 g)

8 EL Getreideschrot (80 g)

8 EL kernige Haferflocken (80 g)

7 EL Knuspermüsli

8 EL Mehrkornflocken (80 g)

8 EL Schokomüsli (85 g)

4 Stück Weetabix (75 g)

60 g Weizen- bzw. Dinkelpops

Trockenobst (je 20–25 g KH)

30 g Ananas

40 g Apfelringe

50 g Aprikosen

40 g Bananenchips

5 Datteln

5 Feigen

30 g Papaya

5 Pflaumen (50 g)

30 g Rosinen

Damit wird angerührt (je 20–25 g KH)

200 ml Ananassaft

250 ml Apfelsaft

300 ml Grapefruitsaft

200 ml Multivitaminsaft

250 ml Orangensaft

200 ml Sauerkirschsaft

150 ml Traubensaft

3 EL Sahne = 10 g Fett

150 g Sojamilch, ungesüßt = 2,5 g Fett

250 g Vanille-Sojamilch (100 ml/4–6 g Zucker)

Nüsse (1 Portion einmal am Tag, wahlweise abends, je 10 g Fett)

25 Cashewkerne

15 Mandeln

6 TL Leinsamen

15 Haselnüsse

15 Mandeln

4 TL Sonnenblumenkerne

7 Walnüsse

Pikantes Brotfrühstück

Wer es morgens lieber herzhaft mag, hat bisher wahrscheinlich Wurst, Käse und Eier genossen. Da diese Kombination zusammen mit Brot morgens die Bauchspeicheldrüse stresst, empfehlen wir herzhafte, vegetarische Brotaufstriche z. B. auf Sojabasis, die Sie mit allen Brotsorten und Brezeln kombinieren können. Die pflanzlichen Eiweiße in den Aufstrichen gibt es beispielsweise mit Pilz-, Tomaten-, Paprika- sowie feinem Leberwurstgeschmack. Genießen Sie dazu Frischkost wie Tomaten- oder Gurkenscheiben und würzen Sie pikant mit Meersalz und Kräutern. Der Vorteil: So sorgt auch ein herzhaftes Brotfrühstück nur für eine schwache Insulinantwort der Bauchspeicheldrüse. Die Fettzellen werden viel schwächer gemästet und viel kürzer blockiert. So kann Fett schon ab morgens durch Alltagsbewegungen verbrannt werden.

Das gibt's dazu

Auch beim Schlank-im-Schlaf-Trennkostfrühstück stehen die klassischen Frühstücksgetränke auf dem Programm. Genießen Sie jetzt Tee in Ihrer Lieblingssorte – gerne auch

TIPP

Grüner Tee macht morgens munter und enthält eine Menge wertvolle Inhaltsstoffe, die nicht nur das Immunsystem stärken, sondern auch den Fettstoffwechsel anregen. Dazu gehören beispielsweise das Spurenelement Mangan, sogenannte bioaktive Pflanzenstoffe (Bioflavonide) sowie wichtige B-Vitamine, die den Stoffwechsel anregen.

Früchtetee –, Kaffee, ein Glas Wasser oder Säfte. Sehr erfrischend schmeckt ein Becher Sojamilch, nach Belieben natur, mit Vanille- oder Schokoladengeschmack. Rühren Sie Ihre Warmgetränke nach Belieben mit etwas Sahne oder Sojamilch an oder auch mit 2 Esslöffeln normaler Kuhmilch je Tasse.

Obstfans kommen jetzt auf ihre Kosten und können eine Scheibe Brot oder ein Brötchen ersetzen durch einen großen Apfel, eine Orange, eine Banane oder 150 Gramm Beerenobst.

Frühstücke für unterwegs

Manchmal muss es morgens einen Schritt schneller gehen, weil Sie früher als sonst aus dem Haus müssen. Dann ist keine Zeit mehr für ein üppiges Frühstück zu Hause. Kein Grund allerdings, das Frühstück ausfallen zu lassen. Kaufen Sie es sich einfach unterwegs, beim Bäcker oder im Supermarkt. Wir empfehlen Ihnen folgende Kombinationen:

Frühstücke für unterwegs	
2 Brezeln mit je 1 EL Butter + 200 ml Multivitaminsaft	100 g KH/20 g Fett
2 Brezeln mit je 1 EL Butter + 1 kleine Banane	100 g KH/20 g Fett
1 Croissant + 1 Laugenstange + 250 ml Orangensaft + 1 großer Apfel	100 g KH/18 g Fett
1 Becher frischer Obstsalat (400 g) + 4 EL kernige Haferflocken + 1 Croissant + 1 Espresso	100 g KH/19 g Fett
1 Veggie-Baguettebrötchen mit Butter, Salat und Tomate (ohne Wurst/Käse) + Kaffee + 250 ml Multivitaminsaft	100 g KH/10 g Fett
1 Blaubeer-Muffin + Kaffee + 1 Apfel + 1 Birne	100 g KH/22 g Fett
2 Becher Vanille-Sojajoghurt (150 g) + 4 EL Getreideflocken + 2 Bananen	100 g KH/8 g Fett
1 Donut (50 g) + 1 Caffé Latte mit Sojamilch + 50 g Studentenfutter + 2 Bananen	100 g KH/28 g Fett
300 g Melonen-Mix aus dem Salat-Kühlregal + 80 g Knuspermüsli + 250 g Apfelsaft	100 g KH/11 g Fett
1 Schokocroissant + 1 Espresso + 2 kleine Äpfel + 300 ml Orangensaft	100 g KH/27 g Fett
1 Schoko-Kirsch-Muffin + 1 Espresso + 2 kleine Bananen	100 g KH/22 g Fett
1 Rosinenbrötchen + 250 g Mango-Maracuja-Smoothie + 75 g getrocknete Aprikosen	100 g KH/6 g Fett
2 Fläschchen Smoothie + 1 Rosinenbrötchen	100 g KH/12 g Fett
1 Rosinenschnecke + 300 ml Apfelsaft	100 g KH/24 g Fett

Grapefruits mit kerniger Zimtcreme

1 rosa Grapefruit | 1 gelbe Grapefruit |
1 Becher Sojajoghurt »natur« (150 g) |
1 TL Zimtpulver | 2 EL Apfeldicksaft (oder
flüssiger Honig) | 1 EL Pistazienkerne |
25 g Walnusskerne | 1 Glas Orangensaft
(250 ml)

Für 1 Person
Pro Portion 710 kcal, 18 g EW, 30 g F, 83 g KH

1 Die Grapefruits rundherum so schälen,
dass auch die weiße Haut vollständig entfernt wird. Die Früchte dann filetieren, den
abtropfenden Saft dabei auffangen.

2 Den Soja-Joghurt mit dem Zimtpulver und
dem Apfeldicksaft verrühren. Die Pistazienkerne und die Walnusskerne hacken und
unter den Zimtjoghurt rühren.

3 Die Zimt-Nuss-Creme in eine Schale füllen, die Grapefruits daraufgeben und alles
mit dem abgetropften Grapefruitsaft beträufeln. Dazu den Orangensaft genießen.

Kokos-Cashew-Müsli

2 EL Cashewkerne | 3 EL getrocknete Kokos-
raspel | 6–7 EL kernige Haferflocken (ca.
50 g) | 1 Mango | 250 ml Ananassaft |
Ingwerpulver

Für 1 Person
Pro Portion 635 kcal, 12 g EW, 22 g F, 93 g KH

1 Die Cashewkerne und die Kokosraspel in
einer trockenen Pfanne leicht anrösten. Die
Haferflocken dazugeben und mit anrösten.
Abkühlen lassen.

2 Die Mango schälen, das Fruchtfleisch
vom Stein schneiden und würfeln. Den Ananassaft mit 1 Prise Ingwer verquirlen.

3 Die geröstete Nuss-Flocken-Mischung in
eine Schüssel geben, die Mangowürfel dazugeben. Den Ananassaft darübergießen
und das Müsli sofort genießen.

TIPP: Die Kokos-Cashew-Haferflocken-Mischung
am besten gleich in einer größeren Menge zubereiten und in ein gut schließendes Gefäß abfüllen.

Schnelles Beerenmüsli

250 g Blaubeeren | 250 g Himbeeren |
2 EL Haselnuss- oder Walnusskerne |
5–6 EL gemischte Getreideflocken (ca. 50 g) |
1 Fläschchen Smoothie (250 ml; z. B. Him-
beer-Granatapfel)

Für 1 Person
Pro Portion 673 kcal, 19 g EW, 24 g F, 90 g KH

1   Die Beeren kurz abbrausen und sehr gut
abtropfen lassen, anschließend verlesen.
Die Nusskerne grob hacken und in einer
Schale mit den Getreideflocken mischen.

2   Die Beeren zur Nuss-Getreide-Mischung
geben. Den Smoothie darübergießen und
das Müsli sofort genießen.

VARIANTEN: Im Mai, wenn es Erdbeeren in Hülle
und Fülle gibt, können Sie das beliebte Obst auf
diese Art zum Frühstück genießen. Statt gemischter
Getreideflocken eignen sich auch Vollkorn-Haferflo-
cken fürs Beerenmüsli. Und beim Smoothie können
Sie natürlich ebenfalls immer wieder variieren.

Obstsalat mit Mandelcreme

2 Orangen | 150 g kernlose blaue Wein-
trauben | 1 kleine Banane | 1 EL Zitronen-
saft | 20 g gehackte Mandeln | 20 g ge-
mahlene Mandeln | 1 Becher Sojajoghurt
»natur« (150 g) | 2 EL Ahornsirup | 2 Msp.
gemahlene Vanille

Für 1 Person
Pro Portion 739 kcal, 20 g EW, 27 g F, 98 g KH

1   Den Saft von 1 Orange auspressen. Die
zweite Orange so schälen, dass auch die
weiße Haut entfernt wird. Die Filets herausschneiden. Die Weintrauben waschen, von
den Stielen zupfen und eventuell halbieren.
Die Banane schälen, in Scheiben schneiden
und sofort mit Zitronensaft beträufeln.

2   Das Obst in einer Schale mischen und
den ausgepressten Orangensaft darübergießen. Alle Mandeln in einer beschichteten
Pfanne goldbraun rösten. Etwas abkühlen
lassen, dann mit Joghurt, Ahornsirup und
Vanille verrühren. Zum Obstsalat geben.

Preiselbeer-Tofu-Creme

200 g Tofu | 150 g Preiselbeeren aus dem Glas | 2 kleine säuerliche Äpfel | 2 EL Zitronensaft | Zimtpulver

Für 6 Portionen
Pro Portion 105 kcal, 5 g EW, 2 g F, 16 g KH

1 Den Tofu pürieren oder mit einer Gabel kräftig durchrühren. Die Preiselbeeren unter den Tofu rühren.

2 Die Äpfel dünn schälen und ohne die Kerngehäuse raspeln. Die Raspel sofort mit dem Zitronensaft beträufeln, damit sie sich nicht verfärben.

3 Dann die Äpfel unter die Preiselbeer-Tofu-Creme rühren und alles mit 1 Prise Zimtpulver abschmecken.

Weiße Schoko-Kaffee-Creme

100 g weiße Kuvertüre | 2 TL lösliches Kaffeepulver | 2 EL Puderzucker | 4 EL neutrales Pflanzenöl

Für 6 Portionen
Pro Portion 162 kcal, 1 g EW, 11 g F, 14 g KH

1 Die Kuvertüre grob hacken und in einem warmen Wasserbad oder in der Mikrowelle unter gelegentlichem Rühren schmelzen.

2 Den Kaffee mit dem Puderzucker und dem Öl zur geschmolzenen Kuvertüre geben. Die Mischung kräftig durchrühren. Das Kaffeepulver löst sich jedoch nicht völlig auf.

3 Die Creme in ein kleines Schraubglas abfüllen und dieses verschließen. Bei Zimmertemperatur aufbewahren.

VARIANTEN: Statt mit weißer Kuvertüre die Creme auch einmal mit Vollmilch- oder Zartbitter-Kuvertüre zubereiten. Und für eine andere Geschmacksnote abgeriebene Orangenschale unterrühren.

Süßer Möhrenaufstrich

200 g Möhren | 2 EL Apfeldicksaft | 6 weiche getrocknete Aprikosen | 20 g Mandelblättchen | 2 Msp. gemahlene Vanille | 1–2 TL Zitronensaft

Für 6 Portionen
Pro Portion 66 kcal, 1 g EW, 2 g F, 10 g KH

1 Die Möhren waschen, schälen und putzen, in kleine Würfel schneiden. Den Apfeldicksaft in einem kleinen Topf erwärmen, die Möhren hineingeben. 50 ml Wasser angießen, alles aufkochen und zugedeckt bei schwacher Hitze 10 Min. köcheln lassen, bis die Möhren weich sind.

2 Inzwischen die Aprikosen klein würfeln. Die Mandeln in einer kleinen beschichteten Pfanne goldbraun rösten.

3 Die Möhren eventuell abtropfen lassen und mit einem Pürierstab oder im Mixer nicht ganz glatt pürieren. Aprikosen und Mandeln unterrühren. Die Mischung mit Vanille und Zitronensaft abschmecken.

Pikante Kartoffelcreme

300 g mehligkochende Kartoffeln | Salz | 1 TL rosa Pfefferkörner | 2 EL Olivenöl | $^1/_2$ Becher Sojajoghurt »natur« (62,5 g) | 2 EL gehacktes Basilikum (frisch oder TK) | schwarzer Pfeffer aus der Mühle

Für 4 Portionen
Pro Portion 98 kcal, 2 g EW, 5 g F, 10 g KH

1 Die Kartoffeln schälen, klein würfeln und in einen Topf geben. Etwas Wasser angießen, die Kartoffeln salzen und aufkochen. Zugedeckt in 10 Min. garen.

2 Inzwischen die rosa Pfefferkörner ein wenig im Mörser zerdrücken. Dann die Kartoffeln abgießen und durch die Kartoffelpresse in eine Schüssel drücken. Die Pfefferkörner unter die Kartoffeln rühren.

3 Das Olivenöl, den Sojajoghurt und das gehackte Basilikum ebenfalls unter die Kartoffeln rühren. Die Creme mit Salz und schwarzem Pfeffer abschmecken.

Mittagessen!
Einfach nur genießen

Zwischen 11 und 16 Uhr ist Ihr Biorhythmus auf Aktivität eingestellt: Kohlenhydrate und Eiweiß werden deshalb gut von den Muskelrezeptoren aufgenommen. Ihr Gehirn und Ihre Muskeln brauchen Futter für die zweite aktive Tageshälfte, um weiter volle Leistung bringen zu können. Zum Mittagessen gibt es deshalb nochmals 75 bis 100 Gramm Kohlenhydrate – gemessen an Ihrem persönlichen Bedarf (die Formel zur Berechnung finden Sie auf Seite 18).

Es kommen Kartoffeln, Nudeln, Reis, Getreide oder Brot als Beilage oder in Suppen, Eintöpfen oder Salaten auf den Tisch. Dazu gibt es Gemüse, Rohkost oder Blattsalate in beliebiger Menge. Kombiniert werden die Kohlenhydrate mit Eiern, Fisch, fettarmem Fleisch oder auch mit Wurst und Käse – falls dies jemand morgens vermisst hat – sowie mit fettarmen Milchprodukten. Alle Mittagsrezepte sind auf einen Kohlenhydratbedarf von 100 Gramm pro Person berechnet. Jedes Gericht enthält 600 bis 700 Kilokalorien.

Vielseitiger geht's nicht

Sollten Sie Lust haben, können Sie sich auch durch die Rezepte zum Abendessen inspirieren lassen, die Sie mittags einfach durch kohlenhydrathaltige Beilagen ergänzen. Ein Stück Obst oder ein fettarmes Dessert schmecken als süßer Abschluss. Zu fetthaltige Nachspeisen (z. B. Mousse au chocolat, Sahnetorten) sollten Sie aber lieber meiden. Diese treiben die Energiebilanz nur unnötig nach oben und machen auch nicht unbedingt zufriedener. Ein paar Kekse, zwei Kugeln Eis, ein Stück Obstkuchen, ein Hefeteilchen oder ein Stück Schokolade sind die Alternative.

Falls Sie besonders rasch abnehmen möchten, am Vortag über die Stränge geschlagen haben oder einmal einen Turbo-Schlank-im-Schlaf-Tag einlegen möchten, lassen Sie die Kohlenhydrate links liegen und setzen Sie ganz auf Eiweiß. Für den klassischen Nomaden-Typ ist dies ebenfalls empfehlenswert (s. auch Seite 22). Trinken können Sie zum Mittagessen Wasser oder Tee. Säfte und Saftschorlen sind auch in Ordnung. Sie erhöhen ersatzweise die Kohlenhydrate-Bilanz, falls Ihnen Kartoffeln, Reis oder Nudeln zu viel sind.

Der ideale Zeitpunkt für einen kleinen Spaziergang ist jetzt, nach dem Mittagessen. So legen Sie eine aktive Ruhepause ein und kommen in den Genuss einer Extraportion Sauerstoff. Ganz nebenbei kurbeln Sie damit auch Stoffwechsel und Fettverbrennung an.

Genauso regenerierend wäre für Viele ein Kurzschlaf von 15 bis 20 Minuten – wenn Sie es einrichten können.

Darf es sonst noch etwas sein?

Auch bei Schlank-im-Schlaf darf man gelegentlich etwas (Eiweiß) zwischendurch essen, vor allem zu Beginn der Ernährungsumstellung, wenn diese noch etwas schwer fallen sollte. Sorgen Sie für einen kleinen Vorrat an kalorienarmen Eiweiß-Snacks in der Büroschublade oder im Kühlschrank. So füllen Sie Ihren Magen, ohne dem Körper zu viel Energie zuzuführen, und sind gut gesättigt bis zur nächsten Hauptmahlzeit. Ihr Insulinspiegel bleibt niedrig, und Ihre Muskeln können ohne Insulinblockade auch tagsüber freie Fettsäuren verbrennen.

NOTFALLKOFFER

Bei Hungerattacken

Für den Fall, dass der Hunger zwischendurch sehr groß ist, sorgen Sie für einen Notfallvorrat in Form der folgenden kleinen Eiweißmahlzeiten. Sie haben wenig Kalorien und lassen über den Geschmacksreiz den Hunger abklingen.

▶ 1 hart gekochtes 10-Minuten-Ei, je nach Geschmack mit oder ohne Salz – wirkt unmittelbar gegen beißenden Hunger
▶ 1 bis 2 Scheiben magerer Kochschinken
▶ 1 Becher Hüttenkäse (200 g)
▶ 1 Harzer Käse (100 g), z. B. mit Essig-Öl-Zwiebel-Dressing
▶ 1 Dose Thunfisch im eigenen Saft
▶ 1 Becher Magerquark (200 g)
▶ Rohkost (z. B. Gurkenscheiben, Paprikastreifen oder Tomatenscheiben
▶ 5 Nüsse, v. a. Mandeln oder Paranüsse
▶ klare Suppe: Ideal sind Bouillons aus Gemüse-, Fleisch- oder Geflügelbrühe (gibt es körnig oder als Würfel). Sie können die Bouillon auch mit ein paar blättrig geschnittenen Champignons anreichern oder ein rohes Ei darin verquirlen.
▶ Götterspeise in verschiedenen Geschmacksrichtungen. Gesüßt wird nur mit Süßstoff, sonst wird die Insulinpause unterbrochen und der Erfolg der Trennkost bleibt aus.
▶ Eiweißriegel (gibt es u. a. zu bestellen, s. Seite 141)
▶ ebenfalls hilfreich ist ein großes Glas Wasser

Mittagessen unterwegs

Wenn Sie tagsüber viel unterwegs sind oder nach einem vollen Vormittag einfach zu schlapp und viel zu hungrig sind, um sich noch an den Herd zu stellen, haben Sie die Wahl: Entweder besorgen Sie sich ein gesundes, fettarmes Fertiggericht ohne unerwünschte Zusatzstoffe oder Sie essen im Restaurant, an der Imbissbude, in einem Fast-Food-Restaurant oder in der betriebseigenen Kantine. Allerdings lauern dabei folgende Fallen, die es zu erkennen gilt:

▸ Vermeiden Sie versteckte Fette. Die stecken v. a. in Antipasti in Öl, Aufläufen (Gratins) mit Käse, Aufschnitt, Avocados, Bratwürsten, Cheeseburgern mit Schinken, Cremesuppen, Käse, Mayonnaise, Desserts (z. B. Mousse au chocolat), Gebäck (süß oder mit Käse), Mayonnaise, Pizza mit viel Käse und Salami, Salatdressings (z. B. mit Vollmilchjoghurt oder Sahne).

▸ Achten Sie auf die Portionsgrößen. In manchen Restaurants sind Tellerportionen an der Tagesordnung, die sogar manchem Schwerstarbeiter die Tränen in die Augen treiben.

▸ Wenn die Kohlenhydrate – also die Beilagen – zu wenig sind, bestellen Sie diese doppelt oder essen Sie zusätzlich noch Brot dazu. Alternativ können Sie auch als Nachtisch Früchtedessert oder Kuchen wählen.

▸ Für das Dessert gilt: Weniger Fett ist mehr. Statt zur Sahneeiscreme lieber zu Obst, einem fettarmen Joghurt oder zu einer Magerquarkspeise greifen.

Empfehlenswerte Getränke

Zum Mittagessen gibt es als Getränk am besten kalorienfreie Getränke wie Wasser oder Tee. Säfte und Saftschorlen sind grundsätzlich erlaubt, erhöhen jedoch die Kohlenhydratbilanz. Zu Mischkostgerichten gehen sie in Ordnung, zu reinen Eiweiß-Gerichten sollten Sie lieber Wasser oder Light-Getränke trinken. Dasselbe wie für Säfte und Schorlen gilt für Weinschorle oder alkoholfreies Bier: Wenn, dann als Genießergetränk und nur in Maßen, d. h. bis maximal 1/2 Liter.

Jetzt ist Pause

Im Stehen oder gar im Gehen zu essen, ist weder gemütlich, noch dient es der guten Sache. Sie werden den nächsten Termin deshalb sicher nicht schwungvoller absolvieren, sondern nur noch gestresster werden. Essen heißt immer, sich auch Zeit für sich zu nehmen. Jede Mahlzeit bedeutet eine willkommene Pause zum Auftanken der physischen ebenso wie der psychischen Energiespeicher – sei es mit befreundeten Kolleginnen und Kollegen, mit den Kindern, mit der gesamten Familie oder auch allein. Sorgen Sie daher für eine angenehme Atmosphäre bei Tisch und räumen Sie alles beiseite, was Sie beim Essen stören könnte.

Übrigens: Essen unter Stress macht noch mehr Hunger. Da Ihr Cortisol- und Adrenalinspiegel weiter erhöht bleiben, vertilgen Sie jetzt nicht nur Unmengen an Essen viel zu hastig, Sie bekommen durch die Signale der Stresshormone garantiert schon kurze Zeit nach dem Essen wieder Hunger. So wird kaum eine Kalorie von den Muskeln verbraucht, und das meiste, was Sie zu sich genommen haben, landet umgehend in den Fettdepots: Nehmen Sie sich deshalb Zeit zum Aussuchen und zum Essen, kauen Sie jeden Bissen gut und gründlich durch und freuen Sie sich über eine genussvolle Auszeit. Die beste Antistress-Maßnahme gibt es nach dem Essen: Bewegung lässt den Cortisol-Spiegel umgehend sinken! Genauso gut: Eine kurze Siesta kann ebenfalls fast Wunder wirken und lädt die Akkus wieder auf.

Mittagessen ohne Kochen

1 mittelgroßes Sandwich mit Pute (z. B. von Subway) + 1 Becher Obstsalat (ca. 400 g) + 200 ml Apfelschorle	100 g KH/9 g Fett
1 Pizzabrot mit Knoblauch + 1 Salatteller, angemacht mit wenig Öl + Eis mit Beeren (z. B. 1 Kugel Vanilleeis) + 200 g Erdbeeren)	100 g KH/25 g Fett
1 Bagel, z. B. mit Roastbeef, Rucola, Tomate belegt + 1 Smoothie (250 ml) + 1 Becher fettarmer Fruchtjoghurt (200 g)	100 g KH/24 g Fett
1 Salatteller mit leichtem Joghurt-Dressing + 1 Rindersteak (160 g) + 1 große Baked Potatoe (300 g) + 1 Portion Rote Grütze	100 g KH/15 g Fett
1 großes Baguette-Sandwich mit Salat und Salami (z. B. von Le Crobag) + 1 großer Apfel + 1 Flasche Bionade (330 ml) + 10 Gummibärchen	100 g KH/22 g Fett
1 gebratenes Seelachsfilet mit Kartoffeln (z. B. von Nordsee) + 8 Löffelbiskuits	100 g KH/15 g Fett
2 Frikadellen im Brötchen (vom Metzger) + 1 Becher Obstsalat (ca. 400 g)	100 g KH/25 g Fett
12 Stück Sushi + 200 g gegrillte Ananas mit 1 Kugel Vanilleeis + 1 Cappuccino + 2 Plätzchen	100 g KH/15 g Fett
Salat »Capricciosa« mit Schinken und Käse (250 g; Rewe), + 125 g Baguette + 250 ml Apfelsaft	100 g KH/24 g Fett
200 g Räucherforellenfilets + 2 Baguettebrötchen + 2 EL Sahnemeerrettich	100 g KH /19 g Fett
100 g Wurstsalat (Metzger) + 2 Brötchen + 1 Frucht-Smoothie (250 ml; aus den Kühlregal)	100 g KH/25 g Fett
200 g Milchreis (aus dem Kühlregal, z. B. Ravensberger Milchreis pur) + 150 g Rote Grütze (Kühlregal, z. B. von Dr. Oetker) + 200 ml Orangensaft	100 g KH/5 g Fett

Chicoréesalat mit Knoblauchbrot

1 Knoblauchzehe | 2 EL weiche Butter | 4 Baguettebrötchen | Salz | schwarzer Pfeffer aus der Mühle | 2 rosa Grapefruits | 4 EL Mandelblättchen | 200 g Magerquark | edelsüßes Paprikapulver | 300 g Chicorée | 1 EL Schnittlauchröllchen

Für 2 Personen
Pro Portion 657 kcal, 28 g EW, 23 g F, 80 g KH

1 Den Knoblauch schälen, fein hacken und mit der Messerklinge zerdrücken, mit der Butter verrühren. Die Brötchen halbieren und mit der Knoblauchbutter bestreichen, mit Salz und Pfeffer würzen. Die Grapefruits halbieren, die Filets aus den Trennhäutchen herausschneiden und mit einem Löffel herausheben. Abtropfenden Saft auffangen.

2 Die Mandelblättchen in einer trockenen Pfanne unter Rühren in 2–3 Min. goldbraun rösten. Etwas abkühlen lassen, dann die Hälfte davon mit dem Quark und dem abgetropften Grapefruitsaft verrühren. Mit Salz, Pfeffer und Paprika abschmecken.

3 Chicorée waschen und putzen, äußere Blätter entfernen, eventuell den Strunk keilförmig herausschneiden. Einige Blätter ablösen und zum Garnieren verwenden, den Rest der Stauden in Streifen schneiden.

4 Chicorée und Grapefruitfilets zusammen anrichten, das Mandeldressing darübertäufeln. Übrige Mandeln und den Schnittlauch aufstreuen. Dazu die Brötchen genießen.

TIPP: Wer's knusprig mag, schiebt die Brötchen kurz unter den Grill.

Fenchelsalat mit Trauben

4 Tortilla-Fladen (Wraps; ca. 200 g) | 2 EL Zucker | 250 g blaue kernlose Weintrauben | 1 große Fenchelknolle | 1 weiße Zwiebel | Salz | schwarzer Pfeffer aus der Mühle | 2 EL Weißweinessig | 3 EL Olivenöl | 100 g geschälte gekochte Garnelen

Für 2 Personen
Pro Portion 593 kcal, 22 g EW, 18 g F, 83 g KH

1 Den Backofen auf 250° (Umluft 225°) vorheizen. Die Tortillafladen mit einem Pinsel mit wenig Wasser einstreichen und mit dem Zucker bestreuen. Im Backofen (Mitte) 2–3 Min. rösten. Dann die Fladen in breite Tortenstücke schneiden.

2 Die Trauben waschen und abzupfen, eventuell halbieren. Den Fenchel waschen und putzen, in sehr feine Streifen schneiden. Das Fenchelgrün hacken.

3 Die Zwiebel schälen und fein würfeln. In einer Schüssel mit dem Fenchelgrün, Salz, Pfeffer und Essig verquirlen, das Olivenöl darunterschlagen.

4 Den Fenchel, die Trauben und die Garnelen unter das Dressing heben. Dazu die gerösteten Tortillastücke servieren.

TIPP: Der Fenchelsalat lässt sich gut mit zur Arbeit nehmen. Transportieren Sie ihn am besten in einem Schraubglas oder einer fest schließenden Kunststoffdose. Statt Wraps können Sie dann auch Baguette oder anderes Brot dazu genießen – ca. 100 g davon versorgen Sie mit wunderbar sättigenden Kohlenhydraten.

Couscous-Salat

150 g Instant-Couscous | 2 Zucchini (möglichst je 1 gelbe und 1 grüne) | 4 EL Olivenöl | $^1/_2$ Bund Frühlingszwiebeln | 1 kleine rote Chilischote | Saft und Schale von 1 Bio-Limette | Salz | schwarzer Pfeffer aus der Mühle | 200 g Joghurt (0,1 % Fett) | 100 g Fladenbrot (ersatzweise Baguette)

Für 2 Personen
Pro Portion 669 kcal, 20 g EW, 23 g F, 94 g KH

1 Couscous in einer Schüssel mit 150 ml kochendem Wasser übergießen und nach der Packungsbeschreibung quellen lassen.

2 Inwischen die Zucchini waschen, putzen und in Scheiben schneiden. Große Scheiben eventuell halbieren. 2 EL Öl in einer breiten Pfanne erhitzen, die Zucchini darin rundherum 5–10 Min. goldbraun braten.

3 In der Zwischenzeit die Frühlingszwiebeln waschen, putzen und in schräge Ringe schneiden. Die Chilischote waschen, putzen und fein hacken.

4 Den Couscous wenn nötig abtropfen lassen und mit den Frühlingszwiebeln und der gehackten Chilischote mischen. Den Limettensaft zu den Zucchinischeiben geben. Mit Salz und Pfeffer würzen.

5 Die Limettenschale mit dem Joghurt und 2 EL Olivenöl verrühren, salzen und pfeffern. Alles zusammen anrichten. Dazu das Fladenbrot essen.

 **INFO**

Couscous

ist eine in den arabischen Ländern beliebte Getreidebeilage und entsteht aus zu Kügelchen zerriebenem Weizengrieß, manchmal auch aus Hirse- oder Gerstengrieß. Gewöhnlich werden die Körnchen langsam über Dampf gegart. Instant-Couscous ist vorbehandelt und muss nur kurz mit kochendem Wasser übergossen werden.

Indische Linsensuppe mit Minzjoghurt

1 Zwiebel | 1 EL Öl | 1 Knoblauchzehe |
1 TL scharfes Currypulver (z.B. Madrascurry) |
500 ml Gemüsebrühe (Instant) | 150 g gelbe
Linsen | 1 TL Limettensaft | 4–5 Zweige
Minze | 150 g Joghurt (1,5 % Fett) | Salz |
schwarzer Pfeffer aus der Mühle | $1/2$ TL ge-
mahlener Kreuzkümmel | 2 kleine Tomaten |
4 kleine Naan-Brote (Asienshop; ersatzweise
200 g Weißbrot)

Für 2 Personen
Pro Portion 571 kcal, 29 g EW, 9 g F, 91 g KH

1 Die Zwiebel schälen und fein würfeln.
Das Öl in einem Topf erhitzen, die Zwiebel-
würfel darin glasig werden lassen. Den
Knoblauch schälen und dazupressen. Das
Currypulver darüberstäuben und anschwit-
zen. Mit der Brühe ablöschen.

2 Die Linsen und den Limettensaft dazugeben und zugedeckt bei schwacher Hitze
10–15 Min. zugedeckt köcheln lassen.

3 Inzwischen die Minze waschen und trocken schütteln, die Blättchen abzupfen und
hacken. Die Minze mit dem Joghurt verrühren und mit Salz, Pfeffer und Kreuzkümmel
abschmecken.

4 Die Tomaten waschen und ohne Stielansätze würfeln oder in Spalten schneiden.

5 Die Suppe abschmecken, Joghurt und Tomaten zum Servieren daraufgeben. Dazu die
Naan-Brote genießen.

TIPP: **Naan-Brote selbst backen und einfrieren**
20 g frische Hefe in 150 ml lauwarmer Milch
auflösen, mit 2 TL Zucker, 500 g Mehl, 1 TL Salz,
2 EL Öl, 150 g Joghurt und 1 Ei ausgiebig zu einem
glatten Teig verkneten und zugedeckt an einem
warmen Ort mindestens 1 Std. gehen lassen. In
9–10 Portionen teilen, diese gut 1/2 cm dick aus-
rollen und auf ein heißes, mit Öl bestrichenes
Blech legen. Im vorgeheizten Backofen bei 225°
(Mitte, Umluft 200°) in knapp 8 Minuten goldbraun
backen. Nach dem Auskühlen einfrieren.

Sardische Tomatensuppe

250 g frische Tortellini (Kühlregal) | Salz |
1 Zwiebel | 2 EL Olivenöl | 1 Knoblauch-
zehe | 1 große Dose geschälte gehackte
Tomaten (800 g) | 200 ml Gemüsebrühe |
1 kleine Dose weiße Bohnenkerne (250 g Ab-
tropfgewicht) | schwarzer Pfeffer aus der
Mühle | einige Blätter Basilikum | 2 große
Ciabattabrötchen

Für 2 Personen
Pro Portion 616 kcal, 25 g EW, 17 g F, 89 g KH

1 Die Tortellini nach der Packungsanwei-
sung in kochendem Salzwasser bissfest
garen, anschließend abtropfen lassen.

2 Während die Nudeln kochen, die Zwiebel
schälen und fein würfeln. Das Olivenöl in
einem Topf leicht erhitzen, die Zwiebeln
darin glasig werden lassen. Den Knoblauch
schälen und dazupressen. Die Tomaten und
die Brühe einrühren und aufkochen.

3 Inzwischen die Bohnen in ein Sieb abgie-
ßen, mit kaltem Wasser abspülen und zur
Tomatensuppe geben. Alles mit Salz und
Pfeffer würzen und 5–10 Min. bei schwacher
Hitze köcheln lassen.

4 Das Basilikum waschen und trocken
schütteln. Die Suppe abschmecken, die
Tortellini hineingeben und mit Basilikum
bestreut servieren.

Gelbe Minestrone

1 gelbe Paprikaschote | 1–2 gelbe Zuc-
chini | 200 g gelbe Tomaten | 1 Zwiebel |
2 EL Olivenöl | 30 g magerer gewürfelter
Schinken | 700 ml Gemüsebrühe | 100 g
kleine Nudeln (z.B. Muscheln oder Stern-
chen) | Salz | schwarzer Pfeffer aus der
Mühle | 4 EL frisch geriebener Parmesan |
4 Scheiben Bauernbrot

Für 2 Personen
Pro Portion 690 kcal, 30 g EW, 22 g F, 92 g KH

1 Paprika, Zucchini und die Tomaten waschen und putzen. Die Tomaten nach Belieben mit kochendem Wasser überbrühen und
enthäuten. Die Stielansätze entfernen. Die
Paprika entkernen. Paprika, Zucchini und
Tomaten in Würfel schneiden.

2 Die Zwiebel schälen und klein würfeln,
zusammen mit dem Öl und dem gewürfelten
Schinken in einen Topf geben. Bei mittlerer
Hitze leicht anbraten. Das übrige Gemüse
dazugeben, mit der Brühe ablöschen.

3 Die Nudeln in den Topf geben, alles aufkochen und halb zugedeckt bei mittlerer
Hitze knapp 10 Min. köcheln lassen.

4 Die Suppe mit Salz und schwarzem Pfeffer abschmecken, auf zwei Teller verteilen
und den Parmesan darüberstreuen. Mit dem
Bauernbrot servieren.

Lamm-Burger

400 g Lamm-Hackfleisch (siehe Tipp, ersatz-
weise Rinderhackfleisch) | Salz | schwarzer
Pfeffer aus der Mühle | 1–2 TL gemahlener
Kreuzkümmel | 1 EL Öl | 4 Hamburger-
Brötchen (je 50 g) | 100 g Chilisauce, Ajvar
oder Ketchup | 2 kleine rote Zwiebeln |
8 kleine Salatblätter | einige Blätter frische
Minze | 50 g Salatgurke | 2 feste Tomaten

Für 2 Personen
Pro Portion 601 kcal, 51 g EW, 14 g F, 66 g KH

1 Das Hackfleisch mit Salz, Pfeffer und
Kreuzkümmel würzen und zu 4 runden, fla-
chen Fladen formen. Die Fladen am Rand ge-
rade formen. Das Öl in einer beschichteten
Pfanne erhitzen. Die Burger darin von jeder
Seite ca. 3 Min. braten.

2 Inzwischen die Brötchen halbieren und
im Toaster leicht rösten. Die Hälften mit Chi-
lisauce, Ajvar oder Ketchup bestreichen.

3 Die Zwiebeln schälen und in dünne
Scheiben schneiden. Die Salatblätter und
die Minzeblättchen waschen und gut trocken tupfen. Die Salatgurke waschen oder
schälen und in Scheiben schneiden. Die
Tomaten waschen und ohne den Stielansatz
in Scheiben schneiden.

4 Je zwei Brötchenhälften mit einem Hamburger, Zwiebelringen, Salatblättern, Minzeblättchen, Gurkenscheiben und Tomatenscheiben belegen und mit den übrigen
Brötchenhälften abdecken.

TIPP: Lamm-Hackfleisch bekommen Sie am besten
beim türkischen Spezialitätenhändler. Sie können
aber auch Lammlachse selbst durchdrehen.

SO WIRD'S EIN ABENDESSEN: Die Burger sind
auch ein tolles Abendessen - natürlich ohne die an
Kohlenhydraten reichen und deshalb abends nicht
empfohlenen Brötchen. Reichen Sie stattdessen
einen großen gemischten Salat dazu.

Italo-Wraps

1 kleine Zwiebel | 3 feste Tomaten |
1 Paprikaschote | 1 Handvoll Rucola |
50 g Taleggiokäse (ersatzweise anderer milder Weichkäse) | 6 Tortillafladen (»Wraps«;
Fertigprodukt; ca. 300 g) | 4 EL Pesto |
50 g Salami in hauchdünnen Scheiben

Für 2 Personen
Pro Portion 685 kcal, 27 g EW, 27 g F, 81 g KH

1   Die Zwiebel schälen und in feine Ringe
schneiden. Die Tomaten waschen, von Stielansätzen und Kernen befreien und in Spalten schneiden. Die Paprikaschote waschen,
putzen, entkernen und in lange Streifen
schneiden. Den Rucola waschen, verlesen
und gut trocken schütteln. Den Taleggio in
feine Streifen oder Würfel schneiden.

2   Die Tortillafladen ausbreiten und in der
Mitte mit etwas Pesto bestreichen. Alle Zutaten – auch die Salamischeiben – in der Mitte
auf den Fladen verteilen. Untere Tortillaränder nach oben über die Füllung legen, dann
die Fladen von einer Seite her aufrollen.

Sesam-Filet-Sandwich

2 flache Hähnchenschnitzel (je ca. 100 g) |
Salz | schwarzer Pfeffer aus der Mühle |
4 EL Sesamsamen | 1 EL Öl | 1 Baguette
oder Ciabattabrot (ca. 350 g) | 75 g Kräuter-
Rahmfrischkäse (12–15 % Fett absolut) |
$1/4$ – $1/2$ TL getrocknete Chiliflocken | 1 kleiner Salatkopf nach Wahl | 1 Tomate

Für 2 Personen
Pro Portion 709 kcal, 42 g EW, 20 g F, 89 g KH

1   Die Schnitzel kalt abwaschen, abtrocknen und flach klopfen. Mit Salz und Pfeffer
würzen, im Sesam wenden und andrücken.
Öl erhitzen, die Schnitzel darin bei mittlerer
Hitze von jeder Seite 2 Min. braten.

2   Das Brot teilen und aufschneiden. Frischkäse und Chiliflocken verrühren und auf die
Brote streichen. Salat waschen, putzen und
trocken schütteln, auf die Brote verteilen.
Hähnchenschnitzel auf die unteren Brothälften legen. Tomate waschen, in Scheiben
schneiden und auf die Schnitzel legen. Mit
den oberen Brothälften abdecken.

Penne, Pollo, Pomodori

200 g Penne | Salz | 200 g Kirschtomaten |
100 g getrocknete Tomaten in Öl | 200 g
Hähnchenbrustfilet | schwarzer Pfeffer aus
der Mühle | einige Zweige frischer oder
1–2 TL getrockneter Thymian

Für 2 Personen
Pro Portion 720 kcal, 39 g EW, 18 g F, 99 g KH

1   Die Penne nach Packungsangabe in reichlich kochendem Salzwasser bissfest garen.
In ein Sieb abgießen, gut abtropfen lassen.

2   Während die Nudeln garen, die Kirschto-
maten waschen und halbieren. Getrocknete
Tomaten in einem feinen Sieb abtropfen lassen, das Öl auffangen und die Tomaten in
Streifen schneiden. Das Hähnchenfilet kalt
abwaschen, abtrocknen und schnetzeln.

3   1 EL Tomatenöl in einer Pfanne erhitzen,
das Fleisch darin rundherum 2–3 Min. bei
mittlerer Hitze anbraten. Mit Salz, Pfeffer
und Thymian würzen. Alle Tomaten und die
Nudeln einrühren. Alles kurz erwärmen.

Blitz-Risotto mit Huhn

200 g Hähnchenbrustfilet | 1 Fenchelknolle |
1 Zwiebel | 2 TL Butter | 1 EL Olivenöl |
175 g 10-Minuten-Reis | 125 ml trockener
Weißwein | 350–400 ml Gemüsebrühe |
Schale und Saft von 1 Bio-Zitrone | Salz |
schwarzer Pfeffer aus der Mühle | 30 g Par-
mesan, frisch gerieben oder gehobelt

Für 2 Personen
Pro Portion 674 kcal, 36 g EW, 20 g F, 76 g KH

1   Das Fleisch kalt abwaschen, abtrocknen
und schnetzeln. Fenchel waschen, putzen
und in Streifen schneiden. Das Grün hacken.
Zwiebel schälen und würfeln. Das Fleisch in
heißer Butter-Öl-Mischung bei mittlerer
Hitze anbraten, herausnehmen. Zwiebeln im
Bratfett glasig dünsten. Fenchel und Reis
einrühren, Wein und 350 ml Brühe angießen

2   Den Reis in ca. 10 Min. garen. Wenn nötig
noch etwas Brühe angießen. Zitronenschale
und -saft mit dem Fleisch unter den Reis mischen, salzen und pfeffern. Mit Fenchelgrün
und Parmesan bestreut servieren.

Blitz-Lasagne mit Lauch und Garnelen

Salz | 200 g Lasagneblätter »ohne Kochen« |
1 Stange Lauch | 2 EL Olivenöl | 2 EL Mehl |
150 ml Gemüsebrühe | 150 ml Milch |
200 g geschälte gekochte Garnelen | schwar-
zer Pfeffer aus der Mühle | 1 EL gehackter
Dill (frisch oder TK)

Für 2 Personen
Pro Portion 707 kcal, 39 g EW, 17 g F, 96 g KH

1 Reichlich Salzwasser in einem breiten
Topf zum Kochen bringen.

2 Inzwischen den Lauch putzen, waschen
und in dünne Ringe schneiden. Das Öl in
einer breiten beschichteten Pfanne erhitzen,
den Lauch darin anschwitzen.

3 Das Mehl darüberstäuben und ebenfalls
anschwitzen, dann alles unter Rühren mit
der Brühe und der Milch ablöschen. Bei
schwacher Hitze 5–10 Min. köcheln lassen.

4 In der Zwischenzeit die Lasagneblätter in
das kochende Salzwasser geben und darin
5 Min. bissfest garen.

5 Die Garnelen in einem Sieb kalt abbrausen und zum Lauch geben. Die Garnelen mit
erhitzen, dann die Mischung mit Salz, Pfeffer und Dill würzen und abschmecken.

6 Die Lasagneplatten aus dem Wasser
heben und gut abtropfen lassen. Abwech-
selnd Nudelplatten und Lauchmischung auf
zwei tiefen Tellern anrichten.

TIPP: Wenn Ihnen das Schichten der Zutaten zu
aufwendig erscheint, kochen Sie statt der Lasagneplatten breite Bandnudeln und servieren diese zu
dem Garnelen-Lauch-Ragout.

Spaghetti mit grünem Spargel

500 g grüner Spargel | 1 Bund zarte Frühlingsmöhren | 2 EL Olivenöl | Salz | 250 g Spaghetti | schwarzer Pfeffer aus der Mühle | 1 Päckchen TK-Kräuter (z.B. Italienische Kräutermischung) | 30 g Parmesan, frisch gerieben

Für 2 Personen
Pro Portion 662 kcal, 26 g EW, 19 g F, 94 g KH

1 Den Spargel und die Möhren waschen und putzen. Den Spargel nur im unteren Drittel schälen. Den Spargel und die Möhren in Stücke schneiden.

2 Das Öl in einer beschichteten Pfanne leicht erhitzen, den Spargel und die Möhren hineingeben. Das Gemüse bei mittlerer Hitze etwa 10 Min. garen, zwischendurch mehrmals umrühren.

3 Gleichzeitig reichlich Salzwasser in einem großen Topf zum Kochen bringen. Die Spaghetti darin nach Packungsangabe gerade eben bissfest garen.

4 Die Nudeln in ein Sieb abgießen und gut abtropfen lassen. Dann in die Pfanne zu dem Gemüse geben. Alles mit Salz, Pfeffer und den Kräutern würzen und bei mittlerer Hitze noch kurz dünsten. Auf zwei Teller verteilen und mit Parmesan bestreut servieren.

 Weitere Saucen zum Spargel

Wer Spargel lieber klassisch mit einer feinen Sauce serviert, findet hier einige schnelle Rezeptideen, die bestens zu Schlank im Schlaf passen. Kochen Sie außerdem für 2 Personen ca. 1 kg Spargel und 600 g neue Kartoffeln. Als Nachtisch dürfen Sie reichlich, also ca. 500 g frische Erdbeeren schlemmen, klein geschnitten und gesüßt mit 1 gehäuften EL Zucker.

Schinken-Kerbel-Creme: 150 g mageren gekochten Schinken klein würfeln oder pürieren, mit 200 g fettarmem Frischkäse und nach Belieben etwas Mineralwasser cremig rühren. 1–2 Handvoll Kerbel hacken und unter die Creme rühren, diese mit Salz und Zitronenpfeffer abschmecken.

Gemüsesauce: Ca. 300 g gemischtes Gemüse in winzig kleine Würfel schneiden und mit 150 g Schmand und 125 ml Milch verrühren. Mit Salz und Pfeffer abschmecken und nach Belieben frische Schnittlauchröllchen unterrühren.

Vinaigrette rot-grün: 2 feste Tomaten, $1/2$ rote Paprikaschote und 1 Bund Petersilie fein würfeln oder hacken. Mit 3 EL Apfel- oder Himbeeressig, 4 EL Öl und 4 EL kräftiger Hühner- oder Gemüsebrühe verquirlen und herzhaft abschmecken.

Safransauce: 2 Schalotten klein würfeln und in 20 g Butter anschwitzen, 20 g Mehl darüberstäuben und anschwitzen. Unter Rühren mit 300 ml Brühe (besser: Spargelfond) ablöschen und cremig kochen. 1 Döschen gemahlenen Safran und 2–3 EL Schmand einrühren, alles mit Salz, Pfeffer würzen und mit einigen Spritzern Zitronensaft ablöschen.

Überbackene Reis-Oliven-Pfanne

1 Aubergine | 1 Zwiebel | 1 EL Olivenöl |
200 g 10-Minuten-Reis | 500 ml Gemüse-
brühe | 1–2 TL getrockneter Oregano |
50 g schwarze Oliven ohne Stein | 50 g grüne
gefüllte Oliven | Salz | schwarzer Pfeffer
aus der Mühle | 100 g Feta

Außerdem: ofenfeste Pfanne

Für 2 Personen
Pro Portion 620 kcal, 19 g EW, 22 g F, 84 g KH

1 Den Backofen auf 225° (Umluft 200°) vorheizen. Die Aubergine waschen, putzen und
in grobe Würfel schneiden. Die Zwiebel
schälen und klein würfeln.

2 Das Öl in einer breiten ofenfesten Pfanne
auf dem Herd leicht erhitzen, die Zwiebelwürfel darin glasig werden lassen. Die Auberginenwürfel zugeben und mit anbraten.

3 Den Reis zu dem Auberginengemüse
geben und unterrühren, mit der Brühe ablöschen. Den getrockneten Oregano ebenfalls
untermischen und den Reis zugedeckt bei
schwacher Hitze 10 Min. garen.

4 Schwarze und grüne Oliven halbieren,
unter den Reis mischen und alles mit Salz
und Pfeffer abschmecken. Den Feta darüberbröckeln, die Pfanne in den Ofen (Mitte)
stellen und alles 5 Min. überbacken.

NOCH SCHNELLER GEHT'S, wenn Sie Express-
Reis nehmen. Der ist bereits vorgegart, in Folien-
beuteln verpackt und braucht nur 2–3 Min. erhitzt
werden. Nachteil ist der etwas höhere Preis, zumal
Sie einen 250-g-Beutel pro Portion kaufen sollten.

Rote Gnocchi-Pfanne

2 rote Zwiebeln | 1 Bund Radieschen |
1 Radicchiosalat | 2 EL Olivenöl | 1 Knob-
lauchzehe | 400 g Gnocchi (Kühlregal) |
2 EL Tomatenmark | Salz | schwarzer
Pfeffer aus der Mühle | 50 g Parmesan,
frisch gerieben

Für 2 Personen
Pro Portion 570 kcal, 20 g EW, 20 g F, 77 g KH

1 Zwiebeln schälen, in Spalten schneiden.
Radieschen waschen und putzen, etwas
Grün hacken und beiseitelegen. Die Radieschen vierteln oder halbieren. Radicchio
waschen, putzen und in Streifen schneiden.

2 Das Olivenöl in einer Pfanne leicht erhitzen. Den Knoblauch schälen und dazupressen. Zwiebeln dazugeben und unter Rühren
einige Minuten anschwitzen. Radieschen
und Radicchio einrühren, dann die Gnocchi
und das Tomatenmark dazugeben. Alles bei
mittlerer Hitze 5 Min. garen. Das Radieschengrün dazugeben und alles salzen und
pfeffern. Mit Parmesan bestreut servieren.

Glasnudel-Hack-Pfanne

200 g Glasnudeln | 1 EL Öl | 200 g mage-
res Rinder-Hackfleisch | 400 g gemischtes
Asia-Gemüse (TK) | 2–3 TL Fünf-Gewürz-
Mischung | Salz | schwarzer Pfeffer aus
der Mühle | 2–3 EL Sojasauce

Für 2 Personen
Pro Portion 639 kcal, 23 g EW, 19 g F, 92 g KH

1 Die Glasnudeln nach Packungsangabe in
kochendem Wasser garen. In ein Sieb abgießen und gut abtropfen lassen.

2 Das Öl in einer breiten Pfanne erhitzen,
das Hackfleisch im heißem Öl bei mittlerer
Hitze rundherum anbraten. Das Gemüse dazugeben, mit der Fünf-Gewürz-Mischung bestreuen und unter Rühren 5 Min. braten.

3 Die Glasnudeln dazugeben und das
Ganze weitere 3–4 Min. garen. Mit Salz,
Pfeffer und der Sojasauce abschmecken.

VARIANTE: Wer Hackfleisch nicht gern mag, brät
Geschnetzeltes von Rind, Schwein oder Geflügel.

Schnitzelchen mit Kürbisspalten

Salz | 200 g Nudeln | $^1/_2$ Hokkaidokürbis (500–600 g) | 2 EL Olivenöl | 4 kleine Putenschnitzel à ca. 75 g | 100 ml Hühnerbrühe | 2 EL flüssiger Honig | Salz | schwarzer Pfeffer aus der Mühle | getrocknete zerbröselte Chiliflocken

Für 2 Personen
Pro Portion 697 kcal, 46 g EW, 15 g F, 93 g KH

1 Reichlich Salzwasser in einem Topf zum Kochen bringen. Die Nudeln darin nach Packungsangabe bissfest garen.

2 Inzwischen den Kürbis waschen und mit einem Löffel die Kerne und die weichen Fasern im Inneren entfernen. Den Kürbis ungeschält in dünne Spalten schneiden, die wie Halbmonde aussehen.

3 Das Öl in einer breiten Pfanne nicht zu stark erhitzen. Die Kürbisspalten hineinlegen und von beiden Seiten bei mittlerer Hitze anbraten. Die Putenschnitzel kalt abwaschen, abtrocken und mit in die Pfanne geben. Von beiden Seiten anbraten.

4 Die Brühe in die Pfanne gießen und den Honig über den Kürbis und die Schnitzel träufeln. Alles mit Salz, Pfeffer und 1 guten Prise Chiliflocken würzen und bei schwacher Hitze noch 5–10 Min. garen, bis der Kürbis bissfest geworden ist.

5 Die Nudeln in ein Sieb abgießen, abtropfen lassen und mit den Schnitzeln sowie den Kürbisspalten servieren. Sollte die Kürbisschale zum Essen zu hart sein, wird sie einfach bei Tisch vom Kürbisfleisch entfernt.

Zitronen-Hähnchen mit Rosmarin-Gnocchi

1 Bio-Zitrone | 2 Zweige Rosmarin (oder 1–2 TL getrockneter Rosmarin) | 600 g Brokkoli | 250 g Hähnchenbrustfilet | Salz | schwarzer Pfeffer aus der Mühle | 2 EL Olivenöl | 400 g Gnocchi (Kühlregal)

Für 2 Personen
Pro Portion 595 kcal, 45 g EW, 12 g F, 76 g KH

1 Die Zitrone heiß abwaschen und abtrocknen. Die Schale fein abreiben und den Saft auspressen. Den Rosmarin waschen und abtrocknen, die Nadeln von den Stielen zupfen und hacken. Den Brokkoli waschen, putzen und mundgerecht zerteilen.

2 Das Hähnchenbrustfilet kalt abwaschen und abtrocknen, rundherum mit Salz und Pfeffer würzen. 1 EL Olivenöl in einer beschichteten Pfanne erhitzen, die Filets darin bei mittlerer Hitze rundherum anbraten, dann bei reduzierter Hitze mit mehrmaligem Wenden in knapp 10 Min. garen.

3 Inzwischen den Brokkoli in wenig Salzwasser zugedeckt in 5–10 Min. dünsten. Währenddessen das restliche Öl in einer anderen beschichteten Pfanne erhitzen, die Gnocchi mit dem Rosmarin hineingeben und 5–10 Min. leicht braten.

4 Den Zitronensaft und die Zitronenschale zum Hähnchen geben. Den Brokkoli abtropfen lassen. Hähnchen, Brokkoli und die Gnocchi zusammen anrichten.

NOCH SCHNELLER GEHT'S, wenn Sie Brokkoli aus der Tiefkühltruhe nehmen, den Sie nicht erst noch putzen müssen.

Kalbsgeschnetzeltes mit Schupfnudeln

2 EL Öl | 400 g Schupfnudeln (aus dem Kühlregal) | 75 g weiche getrocknete Aprikosen | 1 Bund Frühlingszwiebeln | 250 g Kalbsschnitzel | Salz | schwarzer Pfeffer aus der Mühle | 75 ml trockener Weißwein | 40 g fettarmer Frischkäse (5 % Fett absolut)

Für 2 Personen
Pro Portion 675 kcal, 36 g EW, 17 g F, 91 g KH

1 1 EL Öl in einer Pfanne leicht erhitzen. Die Schupfnudeln darin in ca. 15 Min. rundherum goldbraun braten.

2 Inzwischen die getrockneten Aprikosen in Streifen schneiden. Die Frühlingszwiebeln waschen und putzen. Die weißen Teile in feine Ringe, das Grün in 2–3 cm lange Stücke schneiden. Das Fleisch kalt abwaschen, abtrocknen und schnetzeln.

3 Das restliche Öl in einer weiteren Pfanne erhitzen und das Geschnetzelte darin rund-herum scharf anbraten. Mit Salz und Pfeffer würzen und wieder aus der Pfanne nehmen.

4 Die weißen Zwiebelringe in die Pfanne geben und 2–3 Min. garen. Dann auch die grünen Zwiebelteile und die Aprikosen in die Pfanne geben und alles unter Rühren bei mittlerer Hitze ca. 3 Min. garen.

5 Die Zwiebelmischung mit dem Wein ablöschen. Das Fleisch wieder dazugeben, dann auch den Frischkäse einrühren. Alles noch einmal aufkochen lassen, abschmecken und mit den Schupfnudeln anrichten.

NOCH SCHNELLER GEHT'S, wenn Sie statt der Schupfnudeln frisches Baguette zu dem Geschnetzelten genießen und auch bereits klein geschnittenes Fleisch kaufen.

Putenschnitzelchen mit gegrilltem Gemüse

Salz | 1 gelbe Paprikaschote | 1 Zucchino | 150 g kleine Champignons | 1 Zwiebel | 6 Kirschtomaten | 3 EL Olivenöl | 3 EL Gemüsebrühe | schwarzer Pfeffer aus der Mühle | 2 TL getrocknete Kräuter der Provence | 200 g Nudeln | 4 kleine Putenschnitzel (je 60 g)

Außerdem: 4 (Holz-)Spieße nach Belieben

Für 2 Personen
Pro Portion 655 kcal, 45 g EW, 20 g F, 75 g KH

1   Reichlich Salzwasser für die Nudeln in einem Topf zum Kochen bringen. Den Grill im Backofen oder einen Tischgrill aufheizen. Das Gemüse waschen und putzen. Paprikaschoten entkernen. Das Gemüse bis auf die Champignons und Tomaten in mundgerechte Stücke schneiden. Das Gemüse nach Belieben auf Spieße stecken.

2   2 EL Olivenöl mit der Brühe sowie mit Salz, Pfeffer und den Kräutern der Provence verquirlen. Das Gemüse mit Hilfe eines Backpinsels damit einstreichen. Auf oder unter dem heißen Grill ca. 10 Min. grillen, zwischendurch wenden.

3   Inzwischen die Nudeln in dem kochenden Salzwasser nach der Packungsangabe bissfest garen. Gleichzeitig das restliche Öl in einer beschichteten Pfanne erhitzen.

4   Die Putenschnitzel kalt abwaschen und abtrocknen. Salzen, pfeffern, in die Pfanne legen und von jeder Seite ca. 3 Min. braten. Das Fleisch herausnehmen und den Bratensatz mit wenig Wasser lösen. Alternativ können die Schnitzelchen auch auf dem Tischgrill gebraten werden.

5   Die Nudeln abtropfen lassen, mit den Schnitzelchen und dem Gemüse anrichten, den Bratenfond darüberträufeln.

Spanischer Bohnentopf

2 Zwiebeln | 100 g Chorizo (spanische Paprikawurst) oder Fenchelsalami | 1 TL Olivenöl | 1 Knoblauchzehe | 500 ml Gemüsebrühe | 1 große Dose weiße Bohnenkerne (800 g; 480 g Abtropfgewicht) | 8–10 Zweige Oregano (ersatzweise 1 EL getrockneter Oregano) | Salz | schwarzer Pfeffer aus der Mühle | 2 kleine Vollkornbrötchen (je 40 g)

Für 2 Personen
Pro Portion 733 kcal, 41 g EW, 20 g F, 96 g KH

1 Die Zwiebeln schälen und grob würfeln. Die Chorizo in Scheiben schneiden.

2 Das Olivenöl in einem Topf leicht erhitzen. Die Wurstscheiben einrühren und leicht anbraten, so dass auch etwas von dem Fett aus der Wurst ausbrät. Die Zwiebeln dazugeben und goldbraun anbraten. Den Knoblauch schälen und dazupressen.

3 Die Gemüsebrühe angießen und aufkochen. Die Bohnenkerne in ein Sieb abgießen, mit kaltem Wasser abbrausen und in den Topf geben. Alles mit Oregano, Salz und Pfeffer würzen und offen bei mittlerer Hitze 5–10 Min. köcheln lassen.

4 Den Bohnentopf herzhaft abschmecken und mit den Brötchen servieren.

VARIANTE: Wenn Sie Chorizo nicht bekommen, nehmen Sie eine andere würzige Wurst, etwa Fenchelsalami. Auch die herzhaften Kaminwurzen eignen sich sehr gut.

Schweinefilet mit Ananas-Frischkäse

200 g Langkornreis | Salz | 2 Scheiben frische Ananas | 150 g fettarmer Frischkäse (5 % Fett absolut) | 2 TL eingelegte grüne Pfefferkörner | schwarzer Pfeffer aus der Mühle | $1/4$ TL scharfes Paprikapulver | 250 g Schweinefilet | 1 EL Öl | 4 Zweige frische Petersilie

Für 2 Personen
Pro Portion 646 kcal, 44 g EW, 12 g F, 89 g KH

1 Den Reis in kochendem Salzwasser zugedeckt bei schwacher Hitze in 18 Min. garen.

2 Inzwischen die Ananasscheiben schälen und klein würfeln. In einer Schüssel mit dem Frischkäse verrühren. Die Pfefferkörner mit einem großen Messer ein wenig zerkleinern und unter den Frischkäse rühren. Mit Salz, schwarzem Pfeffer und Paprikapulver herzhaft abschmecken.

3 Das Schweinefilet kalt abwaschen und abtrocknen. In 1 cm dicke Scheiben schneiden. Das Öl in einer beschichteten Pfanne erhitzen, die Filetscheiben darin von beiden Seiten scharf anbraten. Salzen, pfeffern und je Seite weitere 1–2 Min. braten.

4 Die Petersilie waschen und trocken schütteln, die Blättchen abzupfen und hacken. Den Reis abgießen und die Petersilie daruntermischen.

5 Den Reis mit den Filetscheiben und dem Ananas-Frischkäse anrichten und servieren.

Schwertfisch mit Tomaten-Polenta

Salz | 150 g Polenta (Maisgrieß) | 1 kleine Packung Tomatenstückchen (z.B. mit Kräutern; 370 g) | 300 g Schwertfischfilet (ersatzweise anderes Fischfilet wie Pangasius oder Seelachs) | 2 EL Zitronensaft | weißer Pfeffer aus der Mühle | 1–2 TL Pizzagewürz | 2 EL Olivenöl | 250 g Tomaten | 2 Ciabattabrötchen (je 50 g)

Für 2 Personen
Pro Portion 673 kcal, 45 g EW, 14 g F, 91 g KH

1 500 ml leicht gesalzenes Wasser in einem Topf aufkochen lassen. Den Maisgrieß unter Rühren einrieseln lassen, dann die Tomaten aus der Packung einrühren. Alles bei schwacher Hitze unter häufigem Rühren knapp 15 Min. garen. Eventuell noch etwas Wasser zugießen, wenn die Mischung zu fest wird.

2 Während der Maisgrieß gart, die Fischfilets kalt abwaschen und abtrocknen. Rundum mit Zitronensaft beträufeln, mit Salz, Pfeffer und Pizzagewürz würzen. Das Öl in einer beschichteten Pfanne erhitzen, die Fischfilets darin je nach Dicke bei schwacher bis mittlerer Hitze 4–8 Min. braten.

3 In der Zwischenzeit die Tomaten waschen, von den Stielansätzen befreien und in Spalten schneiden. Ganz kurz zu dem Fisch in die Pfanne geben, im Bratfett schwenken und nochmals würzen. Die Polenta abschmecken und mit dem Fischfilet sowie den frischen Tomaten anrichten. Dazu die Brötchen genießen.

NOCH SCHNELLER GEHT'S mit Instant-Polenta, die nur wenige Minuten quellen muss.

Seeteufel mit Limettensauce

500 ml Gemüsebrühe | 200 g 10-Minuten-Reis | 200 g TK-Erbsen | 300 g Seeteufel, in ca. 2 cm dicke Scheiben geschnitten | 1 EL Butter | 1 Bio-Limette | Salz | weißer Pfeffer aus der Mühle | 1 TL Mehl | 125 ml trockener Weißwein

Für 2 Personen
Pro Portion 639 kcal, 37 g EW, 8 g F, 92 g KH

1 Die Brühe in einem Topf aufkochen. Den Reis und die Erbsen hineingeben und zugedeckt bei schwacher bis mittlerer Hitze 10 Min. köcheln lassen. Abgießen und zugedeckt warm halten.

2 Während Reis und Erbsen kochen, den Seeteufel kalt abwaschen und abtrocknen. Die Butter in einer beschichteten Pfanne aufschäumen, die Seeteufelstücke darin rundherum je nach Dicke der Scheiben 8–10 Min. sanft braten.

3 Inzwischen die Limette heiß waschen und abtrocknen, die Schale abreiben und den Saft auspressen. Den Seeteufel mit Salz, Pfeffer, abgeriebener Limettenschale und Limettensaft würzen.

4 Die Seeteufelstücke aus der Pfanne nehmen und warm stellen. Das Mehl in die Pfanne streuen und leicht anschwitzen, unter Rühren mit dem Weißwein ablöschen. Kurz durchkochen und abschmecken, mit dem Seeteufel und dem Reis anrichten.

Linsen-Garnelen-Pfanne

1 Lauchstange | 2 feste Birnen | 2 EL Zitro-
nensaft | 200 g geschälte gekochte Garne-
len (frisch oder TK) | 2 EL Öl | 200 g rote
Linsen | 400 ml Gemüsebrühe | 1 Bund
Dill (oder 2 EL TK-Dill) | Salz | schwarzer
Pfeffer aus der Mühle | 2 Brötchen

Für 2 Personen
Pro Portion 707 kcal, 50 g EW, 15 g F, 94 g KH

1 Den Lauch waschen, putzen und zuerst in
8–10 cm lange Stücke, diese dann in Längs-
streifen schneiden.

2 Die Birnen schälen, vierteln und das
Kerngehäuse entfernen. Die Birnen in Scheiben schneiden, sofort mit dem Zitronensaft
beträufeln. Die Garnelen in einem Sieb abspülen und abtropfen lassen.

3 Das Öl in einer breiten Pfanne erhitzen,
den Lauch darin anschwitzen. Die Linsen
einrühren und mit der Gemüsebrühe ablöschen. Die Garnelen und die Birnen dazu-

geben, alles bei mittlerer Hitze und unter
gelegentlichem Rühren 8 Min. garen.

4 Inzwischen den Dill waschen und trocken
schütteln, die Blättchen abzupfen und
hacken. Die Linsenmischung mit Salz und
Pfeffer würzig abschmecken und mit dem
gehackten Dill bestreut servieren. Dazu die
Brötchen genießen.

TIPP: Statt der Brötchen als Beilage können Sie
auch einen frischen Obstsalat als kohlenhydrat-
spendenden Nachtisch genießen.

VARIANTE: Wenn Sie Garnelen nicht so gern
mögen oder keine in guter Qualität bekommen,
können Sie sie durch Lachsfilet ersetzen. Etwa
200 g frisches Lachsfilet ohne Haut in 2–3 cm
große Würfel schneiden. Ganz zum Schluss unter
die übrigen Zutaten mischen und für 3–4 Minuten
ziehen lassen.

Matjes mit Kartoffel-Petersilien-Gemüse

400 g mehligkochende Kartoffeln | 400 g Petersilienwurzeln | Salz | 4 Gewürzgurken | 150 g Joghurt (1,5 % Fett) | schwarzer Pfeffer aus der Mühle | $^1/_2$ Bund glatte Petersilie | 100 g eingelegte Rote Beten (Streifen oder Scheiben) | 250 g Matjes-filets | 200 g Vollkornbrot | 2 Äpfel

Für 2 Personen
Pro Portion 734 kcal, 41 g EW, 22 g F, 90 g KH

1 Die Kartoffeln und die Petersilienwurzeln schälen und 2–3 cm groß würfeln. Mit wenig Salzwasser in einen Topf geben, aufkochen und fest zugedeckt in 10–15 Min. garen.

2 Inzwischen die Gewürzgurken klein hacken und mit dem Joghurt verrühren, mit Salz und Pfeffer abschmecken.

3 Die Petersilie waschen und trocken schütteln, die Blättchen abzupfen und grob hacken. Die Rote Beten abtropfen lassen.

4 Die Kartoffel-Petersilienwurzel-Mischung abtropfen lassen und mit den Petersilien-blättchen mischen. Auf Teller geben. Gurkenjoghurt, Rote Beten und die Matjes dazugeben. Mit dem Vollkornbrot servieren und die Äpfel als Nachtisch genießen.

TIPP: Wenn die Matjes sehr salzig sind oder Sie ohnehin nur Salzheringe kaufen konnten, sollten Sie diese gründlich unter kaltem Wasser abspülen und mit Küchenpapier trocken tupfen.

SO WIRD'S EIN ABENDESSEN: Natürlich passen weder das Kartoffel-Petersilien-Gemüse noch das Brot im Rahmen von Schlank im Schlaf zum Abendessen, der Matjes als eiweißreicher Fisch aber schon. Kombinieren Sie ihn am Abend mit Salat, beispielsweise mit einem Gurkensalat in leichtem Joghurt-Dill-Dressing. Grundsätzlich sollten Sie ein eher fettarmes Dressing wählen, da der Matjes selbst relativ fettreich ist.

Milchreis mit Mango

50 g Rosinen | 500 ml Milch | 100 g 10-Minuten-Basmatireis | 2 Mangos | 2 EL Mandelstifte | 1 EL Zucker | $1/4$ TL Kardamompulver | 1 EL gehackte Pistazienkerne

Für 2 Personen
Pro Portion 616 kcal, 15 g EW, 15 g F, 102 g KH

1 Die Rosinen in einer Tasse in etwas heißem Wasser einweichen.

2 Die Milch zusammen mit dem Reis in einem Topf unter Rühren aufkochen lassen. Dann offen bei mittlerer Hitze 10–15 Min. köcheln lassen, bis die Milchreismischung cremig geworden ist.

3 Inzwischen die Mangos schälen, das Fruchtfleisch vom Stein schneiden und nach Belieben klein würfeln.

4 Die Rosinen abtropfen lassen, zusammen mit den Mandelstiften, dem Zucker und dem Kardamompulver unter den Reis mischen. Den Reis zusammen mit den Mangos servieren, die Pistazienkerne darüberstreuen.

TIPPS: Wer's klassisch mag, der würzt den Reis nicht auf indische Art mit Kardamom, sondern streut zum Servieren etwas Zimtpulver darüber. Der Basmatireis behält ein wenig Biss. Wer Milchreis lieber super-cremig mag, nimmt den typischen Rundkornreis. Den gibt es auch in Kochbeuteln in der Variante mit kurzer Garzeit.

Pfannkuchen mit karamellisierter Ananas

3 Eier | 200 ml fettarme Milch | 100 g Weizenmehl Type 1050 | 2 EL getrocknete Kokosraspel | Backpulver | Salz | $1/2$ kleine Ananas (400 g Fruchtfleisch) | 1 EL Butter | 3 EL Zucker | 2 EL gehobelte Haselnüsse

Für 2 Personen
Pro Portion 633 kcal, 21 g EW, 23 g F, 82 g KH

1 Die Eier mit der Milch verquirlen, Mehl, Kokosraspel, 1 Prise Backpulver und 1 Prise Salz rasch unterrühren.

2 Die Ananas schälen, sodass alle dunklen »Augen« entfernt werden. Das Fruchtfleisch in dünne Scheiben schneiden, die Scheiben in kleine Stücke schneiden und dabei jeweils den harten Mittelstrunk entfernen.

3 Die Butter in zwei breiten beschichteten Pfannen aufschäumen. Den Zucker hineinstreuen und leicht karamellisieren lassen. Die Ananas in die Pfannen verteilen und darin bei mittlerer Hitze kurz anbraten.

4 Den Pfannkuchenteig gleichmäßig über die Ananas verteilen. Die Pfannkuchen bei mittlerer Hitze von beiden Seiten goldbraun backen. Mit den gehobelten Haselnüssen bestreut servieren.

VARIANTE: Statt Ananas passen natürlich auch die altbekannten Äpfel bestens zum Pfannkuchen.

Apfel-Quark-Blini
mit Sanddorncreme

3 Eier | 2 EL Zucker | 400 g Magerquark |
150 ml fettarme Milch | 100 g Weizenmehl
Type 1050 | 2 Äpfel | 1 EL Öl | 2 EL Sand-
dorn-Fruchtaufstrich | 2 EL Mandelstifte

Für 2 Personen
Pro Portion 694 kcal, 46 g EW, 19 g F, 82 g KH

1 Die Eier mit dem Zucker und 2 EL heißem
Wasser schaumig schlagen. Zuerst die Hälfte vom Quark und die Milch einrühren, da-
nach dann auch das Mehl.

2 Die Äpfel schälen, vierteln und das Kerngehäuse entfernen. Die Apfelviertel in Spalten schneiden. Ca. 1 TL Öl in einer beschichteten Pfanne erhitzen. Für jeden Blini ca.
2 EL Teig hineingeben und 2 oder 3 Apfel-
spalten darauflegen. Die Puffer von beiden
Seiten goldbraun backen. Nach und nach
den ganzen Teig verbacken.

3 Inzwischen den restlichen Quark mit dem
Sanddorn-Fruchtaufstrich gründlich verquirlen. Die Mandelstifte in einer Pfanne goldbraun rösten. Den Quark zu den Blinis servieren und die Mandelstifte darüberstreuen.

VARIANTE: Statt mit dem herbsüßen Sanddorn
schmeckt die Quarkcreme auch mit jeder »gewöhn-
lichen« Konfitüre. Probieren Sie auch einmal Hage-
butte oder Pflaumenmus!

TIPP: Die klassischen russischen Blini passen zwar
nicht zur schnellen Küche, sind aber superlecker.
Für 4–6 Personen 20 g frische Hefe in 250 ml lauwarmer Milch auflösen. Je 125 g Weizen- und Buch-
weizenmehl, 2 Eigelb, 2 EL saure Sahne, 1 TL Salz,
75 g weiche Butter und 1 Prise Zucker zugeben und
zu einem glatten Hefeteig verkneten. Zugedeckt gut
aufgehen lassen. 2 Eiweiße zu Eischnee schlagen
und unter den Teig heben. Aus dem Teig in heißer
Butter etwa 20 kleine dicke Pfannküchlein backen.
In ihrer Heimat werden Blinis meist mit Crème frâi-
che und Kaviar serviert. Auf süße Art schmecken sie
aber ebenso gut.

Melonen-Himbeer-Gratin

200 g Himbeeren | 1 kleine Zuckermelone | 4 Brötchen vom Vortag (z.B. Rosinenbröt-chen) | 3 Eier | 1 Päckchen Vanillezucker | 1 EL Zucker | 1 Becher Vollmilchjoghurt (150 g) | 40 g Mehl

Außerdem: breite Auflaufform

Für 2 Personen
Pro Portion 625 kcal, 24 g EW, 16 g F, 94 g KH

1 Den Backofen auf 225° (Umluft 200°) vor-heizen. Die Himbeeren verlesen. Die Melone halbieren und die Kerne entfernen, die Hälf-ten dann schälen und würfeln.

2 Die Brötchen in Scheiben schneiden und zusammen mit den Früchten in die Auflauf-form verteilen.

3 Die Eier mit dem Vanillezucker und dem Zucker schaumig schlagen. Den Joghurt und das Mehl unterrühren. Über die Brötchen und die Früchte verteilen und im heißen Ofen (Mitte) gratinieren. Bei einer breiten Backform reichen ca. 15 Min., bis die Eier-creme gestockt ist.

TIPP: Ist die verwendete Auflaufform eher tiefer als breit (wie im Bild oben), dauert es etwas länger, bis die Eiercreme gestockt ist. Decken Sie ggf. das Obst nach 15 Min. mit Alufolie ab, damit es nicht zu stark bräunt.

VARIANTE: In Frankreich ungemein beliebt ist **Clafoutis**, ein feiner Kirschauflauf. Dafür 3 Eier mit 2–3 EL Puderzucker gut schaumig schlagen. 4 EL Mehl darübersieben und 200 ml Milch angießen. Alles rasch verrühren. 500 g entsteinte Kirschen in eine gefettete Auflaufform geben, den Teig da-rübergießen und den Clafoutis bei 220° im vor-geheizten Ofen (Mitte, Umluft 200°) ca. 35 Minuten backen.

Abendessen
Abnehmen ohne Verzicht

Nach fünf Stunden nachmittäglicher Essenspause steht das Abendessen auf dem Programm. Wenn Sie zwischen 17 und 19 Uhr zu Abend essen, ist dies für Ihren Stoffwechsel am bekömmlichsten – und gleichzeitig ist die Phase für die nächtliche Fettverbrennung besonders lang. Später zu essen, weil es der individuelle Tages- oder Wochenplan nicht anders zulässt, ist aber auch kein Problem. Wichtig ist nur, welche Nahrungsmittel und Gerichte jetzt auf den Teller kommen. Eiweiß pur lautet die Devise. Geflügel, Fisch, Fleisch, Tofu, Eierspeisen oder Milchprodukte in Kombination mit reichlich Gemüse und Salaten bzw. Rohkost schmecken fein, sind garantiert kohlenhydratarm und machen gut satt.

Die nächtliche Fettverbrennung vorbereiten

Mit der Eiweiß-Mahlzeit landet nichts von Ihrem Abendessen in Ihren Fettdepots. Ganz im Gegenteil: Proteine werden umgehend im Körper verwertet oder in Wärme umgewandelt. Gemüse und Salat verwandeln sich in wertvolle und fast kalorienfreie Ballaststoffe, die Ihr Darm für den Verdauungsprozess benötigt. So unterstützen Sie die Produktion und Arbeit des Wachstumshormons (HGH), während Sie schlafen. Ihr Fettabbau und alle Regenerationsprozesse im Körper werden so angeregt. Die Energie dafür holt sich Ihr Körper aus den Fettzellen, zu denen der Weg jetzt frei ist, da er nicht durch einen Insulinüberschuss (wie nach einer kohlenhydratreichen Mahlzeit) blockiert ist.

Tipp: Wer auf Salate oder Rohkost mit Blähungen reagiert, lässt sie einfach weg oder probiert es mit gekochtem bzw. gegrilltem Gemüse.

Schnell zubereitete Genussmahlzeiten

Die Rezepte für Abendessen im Rahmen der Insulintrennkost sind abwechslungsreich und auch für Kocheinsteiger bestens geeignet. So lernen Sie ganz nebenbei, leicht und gesund zu kochen, entspannen sich und sparen dazu noch. Denn selber kochen macht Spaß und ist deutlich günstiger als jeden Tag im Schnellrestaurant zu speisen.

Falls Sie daran gewöhnt waren, abends gemütlich Brotzeit zu machen, verabschieden Sie sich mit einem Lächeln. Brot gibt es wieder

TIPP

Hunger ist entgegen der weit verbreiteten Volksweisheit der schlechteste Koch. Er sorgt ganz schnell dafür, dass man sich beim Kochen Süßigkeiten, ein Stück Brot, etwas Käse, Obst oder was sonst noch im Kühlschrank in erreichbarer Nähe liegt, in den Mund steckt. So hat man sein Abendessen in denkbar ungünstiger Kombination bereits verzehrt, bevor es eigentlich losgeht. Halten Sie sich auch hier an einen Notvorrat. In Ihrem Kühlschrank sollte immer ein Glas Gurken bzw. Oliven für den Fall der Fälle stehen sowie ein oder zwei hart gekochte Eier. Oder Sie schneiden sich rasch eine halbe Gurke oder Paprikaschote in Stücke und kauen diese kalorienarmen Snacks, während Ihre Gemüsepfanne brutzelt.

morgens nach dem Aufstehen. Jetzt, am Abend, macht es nur dick und schnell wieder hungrig. Dasselbe gilt für alle stärkehaltigen Beilagen wie Reis, Nudeln, Kartoffeln, Hülsenfrüchte, Mais, Möhren und Obst. Die stehen immer nur mittags auf dem Programm. Abends würden sie den Insulinspiegel nach oben treiben – was sie nicht sollen – und die Bauchspeicheldrüse stressen. Wer abends aber gar nicht auf Brot verzichten möchte, kann heute auf eine passende Lösung zugreifen: ein reines Eiweiß-Brot als Selbstbackmischung (Bezugsquelle s. Seite 141).

Und zu trinken?

Wenn Sie auf Ihr abendliches Glas Wein oder Bier nicht verzichten möchten, weil es zu Ihrem Entspannungsritual gehört, dann genießen Sie es in aller Ruhe und vor allem ohne schlechtes Gewissen entweder zum Essen oder auch später am Abend. Ein hochwertiger Rot- oder Weißwein ist auch noch reich an bioaktiven Pflanzenstoffen und versorgt Sie mit wertvollen herzschützenden Substanzen (z. B. Resveratol). Belassen Sie es jedoch bei dem einem Genussglas, ansonsten stoppen Sie Ihren Fettabbau über Nacht. Wer rasch und erfolgreich abnehmen will, sollte beim Wasser bleiben, da mehr als 35 Gramm Alkohol (3 Gläser Bier oder ½ Flasche bzw. 0,375 Liter trockener Wein) den Insulinabbau hemmen und so gleichzeitig den Appetit steigern. Durch den folgenden Blutzuckerabfall bleibt der Fettabbau dann im Ansatz stecken. Dasselbe gilt für Säfte und Saftschorlen. Light-Getränke sind dagegen in Ordnung. Genauso entspannend wie ein alkoholischer Schlummertrunk, fein und zudem kalorienfrei ist eine Kanne heißer Tee nach dem Essen. Besorgen Sie sich dazu eine Teemischung aus den klassischen Schlafkräutern Melisse, Malve und Kamille und genießen Sie Ihren Feierabend!

Abendessen unterwegs

Wie beim schnellen Mittagessen gilt: Suchen Sie sich das Richtige von der Speisekarte aus, kombinieren Sie passend und vermeiden Sie unnötige Fettfallen. Die Kohlenhydrate entfallen auf jeden Fall komplett. Das heißt, auf den Teller dürfen alle Salat- und Gemüsekreationen, sofern keine stärkehaltigen Kartoffeln, Mais, Möhren, Kürbis- oder Bohnen(kerne) dabei sind. Dazu gibt's Fisch, Fleisch und Eiergerichte in allen Variationen. Panade auf Fleisch oder Fisch ist im Zweifel erlaubt (das Fett lässt das Insulin langsamer ansteigen), übertreiben Sie es aber nicht damit. Obst hat viele Kohlenhydrate, deshalb abends die Finger weg davon. Wenn Sie nach dem Hauptgang noch Lust auf eine Kleinigkeit haben: Wählen Sie Käse. Lassen Sie aber das Weißbrot, das gerne dazu serviert wird, stehen.

Wenn Sie rasch Ihre Fettdepots verkleinern wollen, sollten Sie abends Wasser und Tee trinken. Wenn Sie sich mit dem Abnehmen mehr Zeit lassen möchten, darf es auch ein Glas Wein oder ein Glas Bier sein. Bestellen Sie sich zum Essen am besten eine Flasche Wasser dazu, so bleibt die konsumierte Alkoholmenge im verträglichen Rahmen.

Fast Food? Ja, gewusst wie!

Ja, Fettfallen gibt es in Fast-Food-Restaurants zuhauf. Wenn es jedoch gar nicht anders geht, können Sie auch hier einkehren. Bestellen Sie sich einen Burger nach Wahl und entfernen Sie vor dem Essen die Brötchenhälften aus dem Blickfeld. Essen Sie den Bratling aus Rindfleisch oder Geflügel pur mit Gurke, Tomatenscheibe oder Salatblatt. Dazu können Sie sich auch noch einen frischen Salat bestellen mit einer Essig-Öl-Marinade.

Auf dieselbe Art können Sie Spareribs, Chicken-Nuggets, Schnitzel, Fisch-Burger, Fischstäbchen oder Gyros verzehren. Dazu gibt's Salat, am besten einen grünen gemischten Salat, Krautsalat oder andere reine Gemüsesalate – und alles eben ohne Brot.

Abendessen ohne Kochen

½ Grillhähnchen ohne Haut + 150 g gemischter Salat (Kühltheke) mit 5 EL fettarmem Dressing	22 g Fett
1 Becher Zaziki (200 g; z. B. von Apostels) + 6 Mini-Frikadellen (90 g; z. B. von WeightWatchers)	22 g Fett
1 Portion gebratenes Gemüse mit Tofu (vom Asia-Imbiss)	10 g Fett
100 g Harzer Roller mit Zwiebeln und Gewürzgurke + Rettich-Spiralen mit Meersalz	1 g Fett
150 g gemischter Salat (Kühltheke) + 5 EL fettarmes Joghurtdressing + 2 hart gekochte Eier	15 g Fett
1 Becher Frühlings-Mousse (150 g; z. B. von Milram) + 100 g geschälte gekochte Garnelen, mit Dill bestreut	24 g Fett

Abendessen ohne Kochen *(Fortsetzung)*

½–1 Salatgurke, in Stücke geschnitten + 1 Portion Käsewürfel mit mediterranen Kräutern (75 g; z. B. von Patros) + 1 Becher fettarmer Joghurt	17 g Fett
1 Packung fettarmer Krabbensalat mit Dill (150 g; z. B. von Du darfst) + 150 g Feldsalat (den Krabbensalat mit Marinade darübergeben)	20 g Fett
150 g gemischter Salat (Kühltheke) + 5 EL fettarmes Salat- dressing + 100 g gebratenes Hähnchen- oder Putenfleisch in Streifen (z. B. von Matthews; oder Reste von einem Brathähnchen)	26 g Fett
100 g Petrella-Frischkäse Schnittlauch + 200 g Salatgurke + 200 g Staudensellerie zum Dippen	26 g Fett
100 g Minifrikadellen (aus dem Kühlregal) + 100 g Krautsalat (z. B. von Hengstenberg)	25 g Fett
200 g fettarmer Krabbencocktail + 200 g Staudensellerie	20 g Fett
Gemischter Salat mit Thunfisch (aus den Kühlregal; 250 g, Rewe)	15 g Fett
200 g gegarte, geschälte Garnelen (Kühlregal) + 150 g gemischter Salat (Kühltheke) + 5 EL fettarmes Joghurtdressing	15 g Fett
100 g Räucherlachs + 100 g Feldsalat + 5 EL fettarmes Joghurtdressing	25 g Fett
60 g geräucherte Putenbrust + 100 g Meerrettichquark + 1 Bund Radieschen	14 g Fett
150 g Roastbeef + 250 g Papaya in Spalten + 1 EL Zitronensaft + Pfeffer aus der Mühle	10 g Fett
100 g Schafskäse + 250 g Tomaten + 1 EL Olivenöl + 10 Basilikumblättchen + Salz, Pfeffer	26 g Fett
1/2 Avocado + 100 g gegarte, geschälte Garnelen (Kühltheke) + 1 EL Zitronensaft + 2 TL Olivenöl + 50 g Rucola (Avocado, Garnelen, Zitronensaft und Olivenöl mit Salz und Pfeffer mischen, auf der Rucola anrichten)	24 g Fett

Salat mit Omelettschnecken

5 Eier | Salz | schwarzer Pfeffer aus der Mühle | edelsüßes Paprikapulver | 2 TL Butter | 200 ml Buttermilch | 2 EL Tomatenmark | Zitronenpfeffer | 1 Bund Radieschen | 150 g gemischter Blattsalat (küchenfertig)

Für 2 Personen
Pro Portion 293 kcal, 22 g EW, 20 g F, 6 g KH

1 Die Eier in einem Schälchen mit Salz, Pfeffer und etwas Edelsüß-Paprikapulver verquirlen. 1 TL Butter in einer beschichteten Pfanne (20 cm Ø) aufschäumen, die Hälfte der Eiermischung hineingeben und durch Schwenken der Pfanne verteilen. Zum Omelett backen, dann auf ein Brett gleiten lassen und aufrollen. Ein zweites Omelett in der restlichen Butter auf die selbe Weise backen und aufrollen.

2 Die Buttermilch mit dem Tomatenmark glatt rühren, mit Salz und Zitronenpfeffer abschmecken.

3 Die Radieschen waschen, putzen und klein schneiden. Mit dem Salat mischen und auf Teller verteilen. Das Dressing darüberträufeln. Die Omeletts in Scheiben (sehen dann wie Schnecken aus) schneiden und auf den Salat geben.

TIPP: Eier sind vorzügliche Lieferanten für sättigendes Eiweiß, das abends die Hauptrolle spielen sollte. Natürlich können Sie statt der Omeletts auch wachsweich oder hart gekochte Eier zum Salat reichen. Und auch beim Salat sind immer neue Kombinationen möglich.

Rucola-Filet-Salat mit Parmesan-Chips

40 g Parmesan | Cayennepfeffer | 200 g Rinderfilet | 2 EL Olivenöl | Salz | schwarzer Pfeffer aus der Mühle | 4 EL Aceto balsamico | 2 EL kräftige Gemüsebrühe | 150 g Rucola

Für 2 Personen
Pro Portion 346 kcal, 38 g EW, 21 g F, 1 g KH

1 Den Parmesan fein reiben und mit etwas Cayennepfeffer würzen. Eine beschichtete Pfanne erhitzen. Den Parmesan als kleine Häufchen in die Pfanne geben und bei mittlerer Hitze schmelzen lassen. Die Taler mit einem Bratenwender vorsichtig wenden, wenn sie auf der Unterseite hell-goldbraun sind. Auch von der anderen Seite hell-goldbraun braten. Abkühlen lassen.

2 Das Rinderfilet schnetzeln. Einige Tropfen Öl in einer Pfanne erhitzen, das Filet darin rundherum 2–3 Min. bei starker Hitze braten. Mit Salz und Pfeffer würzen.

3 Das übrige Öl mit Salz, Pfeffer, Essig und der Brühe verquirlen. Den Rucola waschen, trocken schütteln und verlesen, in dem Dressing wenden und auf Tellern anrichten.

4 Das Rinderfilet und die Parmesan-Chips zum Salat geben und servieren.

TIPP: Die Parmesan-Chips halten sich einige Tage und können allerlei Gerichte blitzschnell und eiweißreich aufpeppen. Aber natürlich können Sie den italienischen Käseklassiker jederzeit auch gewürfelt oder gehobelt über Ihren Salat streuen.

Tofu-Salat mit Staudensellerie

400 g geräucherter Tofu | 1 Staudensellerie (ca. 400 g) | 6–8 Zweige Minze | 30 g geröstete, gesalzene Cashewkerne | 25 g frischer Ingwer | 3 EL Reis- oder Weinessig | 3 EL helle Sojasauce | 1 EL Öl | 4 EL Gemüsebrühe | Salz | schwarzer Pfeffer aus der Mühle

Für 2 Personen
Pro Portion 342 kcal, 27 g EW, 21 g F, 10 g KH

1   Den Tofu in mundgerechte Würfel schneiden. Den Staudensellerie waschen, putzen und in Scheibchen schneiden, das zarte Grün hacken. Die Minze waschen und trocken schütteln, die Blättchen abzupfen und in Streifen schneiden.

2   Die Cashewkerne grob hacken. Den Ingwer schälen und fein würfeln. Beides in einer Schüssel mit Essig, Sojasauce, Öl und Gemüsebrühe kräftig verquirlen. Mit Salz und Pfeffer würzen.

3   Den Tofu, den Sellerie und die Minze in dem Dressing wenden, auf zwei Teller verteilen und servieren.

SO WIRD'S EIN MITTAGESSEN: Gut passt zu dem Salat ein körnig gekochter Reis, am allerbesten der feine Basmatireis. 100 g davon versorgen Sie mit ca. 77 g Kohlenhydraten. Wenn Sie den Salat mit an den Arbeitsplatz nehmen, können Sie den fertig gekochten Reis eventuell in einer Mikrowelle erwärmen. Oder Sie kombinieren den Salat mit 2 Baguettebrötchen.

VARIANTE: Wenn Sie Staudensellerie nicht so gern mögen, kombinieren Sie den geräucherten Tofu doch einfach mit einem anderen Gemüse. Gut zu den asiatischen Gewürzen passt beispielsweise Rettich – weißer ebenso wie roter. Schneiden Sie diesen zuerst in nicht zu dünne Scheiben und die Scheiben dann in Stifte.

Türkischer Hirtensalat

2 Zweige Minze | $1/2$ Bund glatte Petersilie |
Salz | Zitronenpfeffer | 2 EL Weinessig |
2 EL Olivenöl | 2 EL Gemüsebrühe | 1 Bund
Frühlingszwiebeln | 250 g Tomaten | $1/2$ Sa-
latgurke | 2–3 grüne Peperoni | 180 g fett-
armer Feta | 2 EL schwarze Oliven

Für 2 Personen
Pro Portion 346 kcal, 21 g EW, 22 g F, 15 g KH

1 Die Minze und die Petersilie waschen und
trocken schütteln, die Blättchen abzupfen
und grob hacken. In einer großen Schüssel
mit Salz, Zitronenpfeffer, Essig, dem Olivenöl und der Brühe vermengen.

2 Das Gemüse waschen und putzen. Die
Frühlingszwiebeln in Ringe schneiden. Die
Tomaten und die Gurke entkernen, bei den
Tomaten dabei die Stielansätze entfernen.
Tomaten und Gurken würfeln. Die Peperoni
in dünne Scheiben schneiden.

3 Die vorbereiteten Zutaten mit dem Dressing gründlich vermischen. Den Feta zerbröckeln und über dem Salat verteilen. Die Oliven dazugeben.

SO WIRD'S EIN MITTAGESSEN: Der Salat lässt
sich auch gut mit an den Arbeitsplatz nehmen.
Essen Sie dann jeweils 2 Baguettebrötchen oder
2 Laugenbrezeln dazu, und versorgen Sie sich so
auf genüssliche Art mit reichlich sättigenden Kohlenhydraten.

VARIANTE: Klassischer Griechischer Salat
Dafür 1 Kopf Römersalat, Eisbergsalat oder grünen
Salat vorbereiten und zerzupfen. 1 Paprikaschote in
Streifen, 1 Zwiebel in dünne Ringe und 1/2–1 Gurke
in dünne Scheiben schneiden. Die vorbereiteten
Zutaten mischen, 100 g Feta darüber zerbröckeln
und einige schwarze Oliven dazugeben. Mit Salz,
Pfeffer, Weinessig und etwas Olivenöl anmachen.

Chinakohlsalat mit Paprikadressing

4 Eier | $^1/_2$ Chinakohl (ca. 400 g) | 150 g frische Bohnenkeimlinge | 1 kleine rote Paprikaschote | 2 EL helle Sojasauce | 1 EL Öl | 6 EL kräftige Gemüsebrühe | 1 TL gemahlener Kreuzkümmel | Salz | schwarzer Pfeffer aus der Mühle | 2 EL Sesamsamen | nach Belieben etwas Koriandergrün

Für 2 Personen
Pro Portion 288 kcal, 19 g EW, 21 g F, 6 g KH

1 Die Eier anstechen und nach Belieben in 8–12 Min. wachsweich oder hart kochen.

2 Inzwischen den Chinakohl waschen, putzen und ohne den harten Strunk in schmale Streifen schneiden. Die Bohnenkeimlinge in einem Sieb mit kaltem Wasser abbrausen und gut abtropfen lassen.

3 Die Paprikaschote waschen, putzen, entkernen und in feine Würfel schneiden. In einer Schüssel die Sojasauce mit Öl, Gemüsebrühe, Kreuzkümmel, Salz und Pfeffer verquirlen. Paprikawürfel, Chinakohl und die Bohnenkeimlinge darin wenden. Den Salat herzhaft abschmecken.

4 Die Eier schälen und halbieren oder vierteln. Zusammen mit dem Salat anrichten. Die Sesamsamen darüberstreuen und nach Belieben etwas Koriandergrün aufstreuen.

VARIANTE: Statt mit Eiern schmeckt der asiatische Salat auch mit Hähnchenfleisch super-lecker. Schneiden Sie 150–200 g Brustfilet in kleine Würfel und braten Sie diese in einer beschichteten Pfanne in ganz wenig Öl. Als Würze passt Curry bestens.

Warmer Pilzsalat mit Hähnchenspießen

300 g Hähnchenbrustfilet | 400 g gemischte Pilze (z.B. Egerlinge, Kräuterseitlinge, Austernpilze, Pfifferlinge) | 1 TL Wacholderbeeren | 3 EL Olivenöl | Salz | schwarzer Pfeffer aus der Mühle | 5 EL Weinessig | $^1/_2$ Bund glatte Petersilie

Außerdem: (Holz-)Spieße

Für 2 Personen
Pro Portion 315 kcal, 40 g EW, 16 g F, 1 g KH

1 Das Hähnchenfilet abwaschen und abtrocknen, längs in schmale Streifen schneiden. Diese in Wellen auf Spieße stecken. Die Pilze mit einem feuchten Tuch abreiben und putzen, in Scheiben schneiden. Wacholderbeeren mit einem großen Messer hacken.

2 2 EL Öl in einer Pfanne erhitzen, die Pilze darin bei mittlerer Hitze rundherum anbraten. Das übrige Öl in einer zweiten Pfanne erhitzen. Die Hähnchenspieße darin bei mittlerer Hitze rundherum anbraten.

3 Inzwischen die Pilze mit Salz, Pfeffer und Wacholder würzen. Einige Minuten braten, dann den Weinessig darüberträufeln. Petersilie waschen, trocken schütteln, die Blättchen abzupfen und unter die Pilze mischen.

4 Die Spieße salzen und pfeffern und mit dem Pilzsalat anrichten. Bald servieren, damit der Pilzsalat noch lauwarm ist.

SO WIRD'S EIN MITTAGESSEN: 1 kleines Baguette aufschneiden und mit Knoblauch einreiben. Mit den Schnittflächen nach oben im im vorgeheizten Ofen 5–10 Min. backen.

Gurken-Tomaten-Salat mit Joghurt

1 kleine Salatgurke | 250 g Tomaten |
1 kleine Zwiebel | 250 g Naturjoghurt |
Salz | schwarzer Pfeffer aus der Mühle |
1–2 TL Kreuzkümmelpulver | 1 TL schwarze
Senfsamen | 200 g Putenbrustfilet |
1 EL Öl | 1 EL Garam Masala (Indische
Gewürzmischung)

Für 2 Personen
Pro Portion 322 kcal, 22 g EW, 12 g F, 11 g KH

1 Die Gurke schälen, längs vierteln und in
Scheiben schneiden. Die Tomaten waschen,
putzen und ohne Stielansätze in grobe Würfel schneiden. Die Zwiebel schälen und in
feine Streifen schneiden.

2 Den Joghurt mit Salz, Pfeffer und dem
Kreuzkümmel verrühren. Gurken, Tomaten
und Zwiebeln darin wenden.

3 In einer beschichteten Pfanne die Senfsa-
men kurz rösten. Über den Salat geben. Das
Putenbrustfilet kalt abwaschen, abtrocknen
und in Würfel schneiden. Das Öl in der Pfanne erhitzen. Die Putenbrustwürfel darin
rundherum 3–4 Min. braten, dabei mit Salz
und dem Garam Masala würzen.

4 Den Salat herzhaft abschmecken und zusammen mit den Putenbrustwürfeln anrichten. Nach Belieben noch etwas Garam Masala darüberstreuen.

TIPP: Stöbern Sie doch mal in einem asiatischen
Lebensmittelshop. Nehmen Sie verschiedene
Gewürze und Zutaten mit nach Hause – so können
Sie in der schnellen Küche mit wenigen Handgriffen
für Abwechslung sorgen.

Kohlrabi-Petersilien-Salat

2 feste Tomaten | 80 g Ziegenweichkäse als
Rolle (45 % Fett i.Tr.; 26 g Fett absolut) |
2 Kohlrabiknollen | 1 Bund glatte Petersilie |
2 EL Kürbiskernöl | 2 EL kräftige Gemüse-
brühe | 4 EL Weinessig | Salz | schwarzer
Pfeffer aus der Mühle | 75 g magerer ge-
kochter Schinken

Außerdem: ofenfeste Form

Für 2 Personen
Pro Portion 343 kcal, 24 g EW, 23 g F, 10 g KH

1 Den Backofen auf 225° (Umluft 200°) vorheizen. Die Tomaten waschen und quer halbieren. Den Käse in vier Scheiben schneiden
und auf die Tomatenhälften legen. In eine
ofenfeste Form setzen und im vorgeheizten
Ofen 5–8 Min. überbacken.

2 In der Zwischenzeit den Kohlrabi schälen
und in Scheiben schneiden, große Scheiben
noch halbieren oder vierteln. Die Petersilie
waschen, trocken schütteln und die Blättchen abzupfen. Kohlrabi und Petersilie auf
zwei Teller geben und mischen.

3 Das Öl mit der Gemüsebrühe und dem
Weinessig kräftig verrühren, mit Salz und
Pfeffer abschmecken. Über den Salat träu-
feln. Den Schinken in breite Streifen schnei-
den und dazugeben, die überbackenen
Käse-Tomaten ebenfalls dazugeben.

NOCH SCHNELLER GEHT'S, wenn Sie den Käse
und die Tomate schlicht in Scheiben oder Würfel
schneiden und kalt zum Salat reichen.

Feldsalat mit gebratenen Austernpilzen

200 g Austernpilze | 2 EL Olivenöl | 150 g Feldsalat | 50 ml kräftige Gemüsebrühe | 3 EL Himbeeressig | 1 TL Senf | Salz | schwarzer Pfeffer aus der Mühle | 100 g Emmentaler | 1 Päckchen gemischte TK-Kräuter (z.B. italienische Mischung)

Für 2 Personen
Pro Portion 304 kcal, 18 g EW, 23 g F, 2 g KH

1 Die Austernpilze mit einem feuchten Tuch abreiben und putzen. 1 EL Öl in einer Pfanne erhitzen, die Pilze darin rundum gut 5 Min. bei mittlerer Hitze braten.

2 Inzwischen den Salat waschen, trocken schütteln und verlesen. Die Brühe mit dem übrigen Öl, Essig und Senf kräftig verquirlen, mit Salz und Pfeffer pikant würzen.

3 Den Emmentaler in Würfel schneiden. Die Pilze mit Salz, Pfeffer und Kräutern würzen. Den Feldsalat anrichten, den Käse und die heißen Pilze mit dem Sud darüber verteilen.

Roastbeef mit Gemüsevinaigrette

1 Päckchen TK-Kräuter (z.B. italienische Mischung) | Salz | schwarzer Pfeffer aus der Mühle | 1 TL Meerrettich (frisch gerieben oder aus dem Glas) | 3 EL Aceto balsamico | 2 EL Olivenöl | 4 EL Gemüsebrühe | 250 g Gemüse (z.B. Paprika und Zucchini) | 200 g Roastbeef-Aufschnitt

Für 2 Personen
Pro Portion 294 kcal, 21 g EW, 20 g F, 5 g KH

1 In einem Schälchen die Kräuter mit Salz, Pfeffer, Meerrettich, Balsamico, Olivenöl und der Gemüsebrühe kräftig verquirlen.

2 Das Gemüse waschen, putzen und wenn nötig Kerne entfernen. In winzig kleine Würfel schneiden und in der Vinaigrette wenden. Die Vinaigrette mit Salz und Pfeffer herzhaft abschmecken.

3 Den Roastbeef-Aufschnitt auf Tellern auslegen und die Vinaigrette darüber verteilen.

Schinken mit Lauchcreme

1 dicke Stange Lauch | 150 ml Gemüse-
brühe | Salz | schwarzer Pfeffer aus der
Mühle | $1/2$ TL gemahlener Koriander |
100 g Schmand | 150 g Serrano-Schinken
in dünnen Scheiben | 4 EL Mandelblättchen

Für 2 Personen
Pro Portion 319 kcal, 22 g EW, 20 g F, 12 g KH

1 Den Lauch putzen, aufschlitzen und waschen, in Streifen schneiden. In einen Topf
geben und mit der Brühe angießen. Mit
Salz, Pfeffer und Koriander würzen, alles
aufkochen und zugedeckt 10 Min. dünsten.

2 Den Lauch im Topf mit einem Pürierstab
nicht ganz glatt pürieren. Den Schmand
unterrühren und alles offen noch etwas einkochen lassen. Herzhaft abschmecken.

3 Den Schinken auf Tellern anrichten und
die Lauchcreme dazugeben. Die Mandeln in
einer beschichteten Pfanne goldbraun rösten und darüberstreuen.

Schnelles Puten-Vitello

2 Zucchini (1 gelbe und 1 grüne) | 1 EL Oli-
venöl | 1 kleine Dose Thunfisch im eigenen
Saft (130 g Abtropfgewicht) | 2 Sardellen-
filets | 100 g saure Sahne | Salz | Zitro-
nenpfeffer | 2 EL kleine Kapern | 175 g
Putenbrustaufschnitt in dünnen Scheiben |
4 Artischockenböden (aus Glas, Dose oder
aus der Feinkosttheke)

Für 2 Personen
Pro Portion 363 kcal, 57 g EW, 13 g F, 5 g KH

1 Die Zucchini waschen und putzen, in
Scheiben schneiden. Im erhitzten Öl rundherum in knapp 10 Min. goldbraun braten.

2 Inzwischen den Thunfisch abtropfen lassen. Thunfisch, Sardellenfilets und saure
Sahne pürieren. Mit Salz und Zitronenpfeffer abschmecken. Die Kapern unterrühren.

3 Den Aufschnitt auf Tellern anrichten, die
Thunfischsauce darüberträufeln. Die Zucchini mit Salz und Zitronenpfeffer würzen und
mit den Artischocken zum Aufschnitt geben.

Chicken-Cheeseburger auf Salat

300 g Hähnchenbrustfilet | Salz | weißer Pfeffer aus der Mühle | 1 TL getrockneter Thymian | 1 EL Öl | 2 dünne Scheiben Gouda | 150 g gemischter bunter Blattsalat (küchenfertig) | 150 ml Dickmilch oder Buttermilch | 2 EL Zitronensaft | 1 EL Senf

Für 2 Personen
Pro Portion 360 kcal, 46 g EW, 17 g F, 4 g KH

1 Das Hähnchenbrustfilet kalt abwaschen und abtrocknen, in grobe Würfel schneiden und im Blitzhacker fein hacken. Mit Salz, Pfeffer und dem Thymian vermischen und zu 4 flachen Burgern formen.

2 Das Öl in einer breiten beschichteten Pfanne erhitzen und die Burger darin insgesamt etwa 10 Min. von beiden Seiten goldbraun braten. Zuletzt die Käsescheiben halbieren und auf die Burger legen. Einen Deckel auf die Pfanne setzen und den Käse ein wenig schmelzen lassen.

3 In der Zwischenzeit den Blattsalat kalt abbrausen und gut trocken schütteln. Die Dickmilch oder Buttermilch mit Zitronensaft und dem Senf verquirlen und mit Salz und Pfeffer würzen. Den Salat auf zwei Teller verteilen und das Dressing darüberträufeln. Die Burger dazugeben.

NOCH SCHNELLER GEHT'S, wenn Sie fertiges Geflügel-Hackfleisch kaufen, das es inzwischen sogar abgepackt im Supermarkt gibt. Ob es vom Hähnchen oder von der Pute stammt, ist allein Ihrem Geschmack und dem Angebot überlassen.

Garnelensticks mit Parmesancreme

2 kleine Auberginen (insgesamt ca. 500 g) | Salz | 1 EL Olivenöl | 4 EL kräftige Gemüsebrühe | 200 g geschälte gekochte Garnelen | 50 g Parmesan | 75 g fettarmer Frischkäse (5 % Fett absolut) | schwarzer Pfeffer aus der Mühle | Cayennepfeffer

Außerdem: 4 (Holz-)Spieße

Für 2 Personen
Pro Portion 331 kcal, 35 g EW, 18 g F, 8 g KH

1 Den Backofen auf 225° (Umluft 200°) vorheizen. Die Auberginen waschen, putzen und in 1 cm dicke Scheiben schneiden. Die Scheiben mit etwas Salz bestreuen und 5 Min. ziehen lassen.

2 Die Auberginenscheiben mit Küchenpapier trocken tupfen und auf ein Backblech legen. Das Öl mit der Gemüsebrühe verquirlen, die Auberginen auf beiden Seiten damit einpinseln und mit Pfeffer bestreuen. Im Ofen (Mitte) 5 Min. backen.

3 In der Zwischenzeit die Garnelen kalt abbrausen, abtrocknen und auf die Spieße reihen. Zu den Auberginen auf das Blech geben und alles weitere 5 Min. backen.

4 Den Parmesan fein reiben und mit dem Frischkäse verrühren. Sowohl mit schwarzem Pfeffer als auch mit Cayennepfeffer abschmecken. Auberginen, Garnelensticks und die Parmesancreme zusammen anrichten.

Lachstatar auf Gurke

175 g Räucherlachs | 40 g Walnusskerne |
1 EL Zitronensaft | weißer Pfeffer aus der
Mühle | $1/2$ –1 Salatgurke | 1 EL Walnuss-
öl | 3 EL Weinessig | 3 EL kräftige Gemüse-
brühe | Salz | $1/2$ TL gemahlener Fenchel |
$1/2$ Bund Dill

Für 2 Personen
Pro Portion 312 kcal, 21 g EW, 23 g F, 5 g KH

1 Den Lachs in sehr feine Würfel schneiden. Die Walnusskerne fein hacken. Beides
in einer Schüssel mit dem Zitronensaft vermengen und mit Pfeffer abschmecken.

2 Die Gurke waschen, nach Belieben schälen. In dünne Scheiben schneiden und diese
überlappend auf Tellern auslegen. Öl, Essig
und Brühe verquirlen, mit Salz, Pfeffer und
Fenchel würzen. Über die Gurken träufeln.

3 Das Lachstatar zu den Gurken geben. Den
Dill waschen, trocken schütteln und die
Blättchen abzupfen. Nach Belieben hacken
und über die anderen Zutaten geben.

Kräuteromelett

2 kleine Köpfe Radicchio (ca. 400 g) | 1 rote
Zwiebel | 1 EL Olivenöl | 5 Eier | 1 Päck-
chen TK-Kräuter (z.B. italienische Mischung) |
Salz | weißer Pfeffer aus der Mühle | 1 TL
Butter | 2 EL Aceto balsamico

Für 2 Personen
Pro Portion 293 kcal, 19 g EW, 22 g F, 4 g KH

1 Radicchio waschen, putzen und längs
vierteln. Die Viertel sollen am Strunk noch
zusammenhängen. Zwiebel schälen und fein
würfeln. Das Öl in einer Pfanne erhitzen, Radicchio und Zwiebelwürfel darin rundherum
5–10 Min. braten, zwischendurch wenden.

2 Inzwischen die Eier verquirlen, Kräuter,
Salz und Pfeffer unterrühren. Die Butter in
einer breiten Pfanne leicht erhitzen, das Ei
hineingeben und zugedeckt bei schwacher
bis mittlerer Hitze ca. 8 Min. stocken lassen.

3 Das Omelett in Tortenstücke schneiden,
zusammen mit dem Radicchio anrichten.
Den Essig über den Radicchio träufeln.

Spiegelei auf Pilzen

400–500 g große feste Champignons | 20 g Butter | 4 Eier | Salz | schwarzer Pfeffer aus der Mühle | 1 Bund Schnittlauch | 2 EL Kapern | 3–4 Tomaten

Für 2 Personen
Pro Portion 326 kcal, 21 g EW, 22 g F, 10 g KH

1 Die Champignons mit einem feuchten Tuch abreiben, putzen und in dicke Scheiben schneiden. Jeweils die Hälfte der Butter in zwei breiten Pfannen aufschäumen. In der einen Pfanne die Eier, mit Salz und Pfeffer gewürzt, zu Spiegeleiern braten.

2 Inzwischen in der zweiten Pfanne die Pilze von beiden Seiten 2 Min. bräunen. Salzen und pfeffern und auf Tellern auslegen.

3 Die Eier auf den Pilzen anrichten. Den Schnittlauch waschen, abtrocknen und in Röllchen schneiden, zusammen mit den Kapern darüberstreuen. Die Tomaten waschen und vierteln oder in Scheiben schneiden, dazulegen. Mit Salz und Pfeffer bestreuen.

Rührei in Pfeffertomate

4 Fleischtomaten (je 250–300 g) | 2–3 TL eingelegter grüner Pfeffer | Salz | schwarzer Pfeffer aus der Mühle | 5 Eier | 1 Päckchen TK-Basilikum | 2 TL Butter | 1 Handvoll Feldsalat, Rucola oder einige Blätter anderer Salat

Für 2 Personen
Pro Portion 306 kcal, 21 g EW, 20 g F, 10 g KH

1 Die Tomaten waschen. Die Stielansätze keilförmig herausschneiden. Die Tomaten mit einem Löffel vorsichtig aushöhlen.

2 Den grünen Pfeffer abtropfen lassen, mit einem Messer hacken. Mit etwas Salz und schwarzem Pfeffer in die Tomaten streuen.

3 Eier, Basilikum und etwas Salz verquirlen. Die Butter in einer Pfanne aufschäumen und das Ei darin zum Rührei backen.

4 Inzwischen den Salat waschen und gut trocken schütteln. Das Rührei in die Tomaten geben und mit etwas Salat anrichten.

Frühlingszwiebel-Schaumomelett

1 Bund Basilikum | 1 Bund Frühlingszwiebeln | 4 Eier | 4 EL Milch | Salz | weißer Pfeffer aus der Mühle | 2 TL Butter | 100 ml Weißwein | 100 g geräuchertes Makrelenfilet

Für 2 Personen
Pro Portion 397 kcal, 26 g EW, 23 g F, 12 g KH

1 Das Basilikum waschen und trocken schütteln, die Blätter abzupfen und fein hacken. Die Frühlingszwiebeln waschen, putzen und in Ringe schneiden.

2 Die Eier trennen. Das Eigelb mit Milch, Salz, Pfeffer und der Hälfte des Basilikums verrühren. Das Eiweiß zu steifem Schnee schlagen und unterheben.

3 Die Butter in zwei beschichteten Pfannen aufschäumen und die Eiermasse hineingeben. Den Deckel auf die Pfannen auflegen und die Omeletts bei schwacher Hitze in 6–8 Min. stocken lassen.

4 Inzwischen die Frühlingszwiebeln mit dem übrigen Basilikum und dem Wein in einen kleinen Topf geben. Offen bei mittlerer Hitze 5 Min. köcheln lassen, bis die Flüssigkeit verdampft ist. Dann mit Salz und Pfeffer abschmecken.

5 Die Omeletts auf Teller gleiten lassen. Die Frühlingszwiebeln daraufgeben und die Omeletts zur Hälfte zusammenklappen. Das Makrelenfilet in kleine Stücke schneiden und zu den Omeletts geben.

Gefüllter Camembert

2 Camembertkäse (je ca. 125 g, Dreiviertelfettstufe bzw. 13 % Fett absolut) | 250 g TK-Blattspinat | 1 kleine Knoblauchzehe | 1 kleine Chilischote | Salz | schwarzer Pfeffer aus der Mühle | 300 g Tomaten | 4 EL Aceto balsamico | 50 g magerer gekochter Schinken

Außerdem: ofenfeste Form

Für 2 Personen
Pro Portion 356 kcal, 41 g EW, 19 g F, 5 g KH

1 Den Backofen auf 225° (Umluft 200°) vorheizen. Die Camemberts mit einem Teelöffel vorsichtig aushöhlen. Den ausgelösten Käse klein würfeln.

2 Den Spinat in einen Topf geben und unter Rühren bei mittlerer Hitze auftauen lassen. Den Knoblauch schälen und dazupressen. Die Chilischote waschen, putzen, hacken und zum Spinat geben. Mit Salz und Pfeffer würzen und unter Rühren kochen lassen, bis die Feuchtigkeit verdampft ist.

3 Die Hälfte vom Spinat mit dem gewürfelten Käse mischen und die Mischung in die ausgehöhlten Camemberts geben. In eine ofenfeste Form setzen und im Ofen (Mitte) ca. 10 Min. backen.

4 Inzwischen die Tomaten waschen und in Scheiben schneiden, die Stielansätze dabei entfernen. Auf Tellern auslegen und mit dem Balsamico beträufeln. Den Schinken in Streifen schneiden und mit dem restlichen Spinat dazugeben. Die gebackenen Camemberts in die Mitte setzen.

Pizza-Tofuschnitzel mit Gemüse

250 g fester Tofu | 2 EL Zitronensaft | 2 TL Pizzagewürz | 1 Zwiebel | 500 g Schälgurken (kurze Salatgurken) | 500 g Tomaten | 1 ¹/₂ EL Öl | 1 EL Tomatenmark | Salz | schwarzer Pfeffer aus der Mühle | 1–2 TL getrockneter Thymian

Für 2 Personen
Pro Portion 383 kcal, 34 g EW, 20 g F, 14 g KH

1 Den Tofu in dicke Scheiben schneiden, mit Zitronensaft und dem Pizzagewürz einreiben und beiseitestellen.

2 Die Zwiebel schälen und klein würfeln. Die Gurken waschen, putzen und schälen. Gurken längs halbieren und die Kerne in der Mitte mit einem Löffel herausschaben. Die Hälften dann quer in ca. 1 cm dicke Scheiben schneiden.

3 Die Tomaten über Kreuz einritzen und für einige Sekunden in kochend heißes Wasser legen. Herausheben und die Haut abziehen.

Halbieren, von den Stielansätzen befreien und entkernen. Dann die Tomatenhälften in Spalten schneiden.

4 1 EL Öl in einer beschichteten Pfanne erhitzen, die Tofuschnitzel darin von jeder Seite 3–4 Min. braten.

5 Inzwischen das restliche Öl in einem Topf erhitzen, die Zwiebeln darin glasig werden lassen. Die Gurken einrühren und kurz anschwitzen, dann auch die Tomaten und das Tomatenmark einrühren. Mit Salz, Pfeffer und dem Thymian würzen und bei mittlerer Hitze zugedeckt 5 Min. dünsten.

6 Das Gemüse abschmecken. Die Tofuschnitzel eventuell noch salzen und pfeffern, mit dem Gemüse anrichten.

Tofu-Curry

10 g frischer Ingwer | 1 gelbe Paprika-
schote | 200 g Tofu | 1 kleine Dose
Bambusschösslinge in Streifen (ca. 175 g
Abtropfgewicht) | 200 g frische Mungo-
bohnensprossen | 1 EL Sojaöl | 1 TL ge-
mahlener Koriander | 1 TL gemahlener
Kreuzkümmel | ½ TL zerbröselte getrockne-
te Chilischoten | 100 ml Gemüsebrühe |
40 g Cashewkerne | Salz | schwarzer
Pfeffer aus der Mühle

Für 2 Personen
Pro Portion 335 kcal, 22 g EW, 21 g F, 15 g KH

1   Den Ingwer schälen und fein hacken. Die
Paprikaschote waschen, putzen, entkernen
und in Streifen schneiden. Den Tofu ebenfalls in Streifen schneiden.

2   Die Bambusschösslinge abtropfen lassen. Die Mungobohnensprossen in einem
Sieb kalt abbrausen und ebenfalls gut abtropfen lassen.

3   Das Sojaöl in einer Pfanne erhitzen. Den
Ingwer darin leicht anbraten. Paprika dazugeben und kurz mit anbraten, dann den Tofu,
die Bambusschösslinge und die Mungobohnensprossen einrühren.

4   Koriander, Kreuzkümmel und die Chilibröseln mischen und das Tofugemüse damit
würzen. Die Brühe angießen und das Ganze
unter gelegentlichem Rühren bei mittlerer
Hitze gut 5 Min. garen.

5   Die Cashewkerne etwas kleiner hacken
und zu den übrigen Zutaten geben. Das
Curry mit Salz und Pfeffer abschmecken.

VARIANTEN: Statt der Bambusschösslinge schmecken auch Wasserkastanien super-lecker in solch
einem Curry. Auch dieses ungewöhnliche Gemüse
bekommen Sie in Dosen im Supermarkt.

Jede Gemüsesorte, die Sie gerade noch im Vorrat
haben, können Sie zu solch einem Curry verarbei-
ten. Achten Sie nur darauf, keine kohlenhydratreichen Sorten wie Mais zu nehmen.

Schinken-Brokkoli aus dem Ofen

750 g Brokkoli | Salz | 125 g magerer gekochter Schinken | 2 Eier | schwarzer Pfeffer aus der Mühle | Muskatnuss, frisch gerieben | 100 g fettarmer Frischkäse (12 % Fett absolut) | 2 EL Mandelblättchen

Außerdem: ofenfeste Form

Für 2 Personen
Pro Portion 349 kcal, 39 g EW, 18 g F, 9 g KH

1 Den Backofen auf 225° (Umluft 200°) vorheizen. Den Brokkoli waschen, putzen und mundgerecht zerschneiden. Zugedeckt in wenig Salzwasser gut 5 Min. dünsten.

2 Inzwischen den Schinken in Streifen schneiden. Die Eier mit Salz, Pfeffer, Muskatnuss und dem Frischkäse verquirlen.

3 Den Brokkoli abtropfen lassen und in eine breite ofenfeste Form geben. Den Schinken dazugeben und die Eiermischung darüberträufeln. Die Mandeln aufstreuen und alles im Ofen ca. 10 Min. überbacken.

NOCH SCHNELLER GEHT'S, wenn Sie Brokkoli aus der Tiefkühltruhe verwenden. Aber auch den sollten Sie zuerst in heißem Wasser oder in der Mikrowelle auftauen und vorgaren.

Auberginen-Tofu-Türmchen

2 kleine Auberginen (ca. 500 g) | Salz | 2 EL Pinienkerne | 2 EL Olivenöl | schwarzer Pfeffer aus der Mühle | 100 g Tofu | 100 g fettarmer Frischkäse (5 % Fett absolut) | 1 TL gemahlener Kreuzkümmel | 1 Bund Schnittlauch | 2 Tomaten

Für 2 Personen
Pro Portion 325 kcal, 22 g EW, 22 g F, 9 g KH

1 Die Auberginen waschen, putzen und in $1/2$–1 cm dicke Scheiben schneiden. Mit Salz bestreuen und 5 Min. ziehen lassen. Inzwischen eine breite beschichtete Pfanne erhitzen, die Pinienkerne darin goldbraun rösten. Herausnehmen und beiseitestellen.

2 Das Öl in der Pfanne leicht erhitzen und gleichmäßig verteilen. Die Auberginen mit Küchenpapier trocken tupfen, nebeneinander in die Pfanne legen und von jeder Seite ca. 3 Min. bei mittlerer Hitze braten. Zwischendurch mit Salz und Pfeffer würzen.

3 Während des Bratens den Tofu zusammen mit dem Frischkäse pürieren. Mit Salz, Pfeffer und dem Kreuzkümmel abschmecken. Den Schnittlauch waschen, trocken schütteln und in Röllchen schneiden. Die Hälfte davon unter die Tofucreme rühren.

4 Die Auberginenscheiben mit etwas Tofucreme bestreichen, jeweils einige Scheiben zu Türmchen stapeln und auf Teller setzen. Die restliche Tofucreme dazugeben. Die Tomaten waschen und in Scheiben oder Spalten schneiden, die Stielansätze dabei entfernen, dazulegen. Die Pinienkerne und den restlichen Schnittlauch darüberstreuen.

Gebratene Kräuterseitlinge

300–400 g Kräuterseitlinge | 300 g Tomaten | 50 g grüne entsteinte Oliven | 2–3 Zweige Rosmarin | 125 g Mozzarella »light« | 2 EL Olivenöl | Salz | schwarzer Pfeffer aus der Mühle

Für 2 Personen
Pro Portion 277 kcal, 18 g EW, 20 g F, 6 g KH

1   Die Kräuterseitlinge mit einem feuchten Tuch abreiben, putzen und längs in Scheiben schneiden. Die Tomaten waschen, vierteln, von den Stielansätzen befreien und entkernen, klein würfeln.

2   Die Oliven je nach Größe halbieren oder vierteln. Die Rosmarinnadeln von den Stielen streifen und hacken. Den Mozzarella in Scheiben schneiden.

3   Das Öl in einer breiten beschichteten Pfanne erhitzen, die Pilzscheiben und den Rosmarin hineingeben. Die Pilze von beiden Seiten in 5–8 Min. goldbraun braten.

4   Die Pilze mit Salz und Pfeffer würzen. Auf Tellern anrichten und mit dem Rosmarin bestreuen. Die Tomaten, die Oliven und den Mozzarella dazugeben.

TIPP: Als Nachtisch einen Becher Naturjoghurt löffeln. Bei 150 g versorgen Sie sich auf leckere Art mit ca. 5 g sättigendem Eiweiß und 90 kcal.

Zucchini mit Salbei-Zwiebel-Dip

1 Bund Frühlingszwiebeln | 10 frische Salbeiblättchen | 2 EL Olivenöl | 2 große Zucchini | Salz | schwarzer Pfeffer aus der Mühle | 200 g Magerquark | 100 g fettarmer Frischkäse (5 % Fett absolut) | 30 g Parmesan am Stück | scharfes Paprikapulver

Für 2 Personen
Pro Portion 352 kcal, 29 g EW, 19 g F, 15 g KH

1   Die Frühlingszwiebeln waschen, putzen und in Ringe schneiden. Die Salbeiblätter waschen, trocken schütteln und fein hacken. 1 TL Öl in einem kleinen Topf erhitzen, die Zwiebeln und den Salbei darin leicht anschwitzen. Den Topf vom Herd nehmen und etwas abkühlen lassen.

2   Inzwischen die Zucchini waschen und putzen, längs in dünne Scheiben schneiden. Die Scheiben portionsweise in einer großen beschichteten Pfanne in jeweils wenigen Tropfen Olivenöl goldbraun braten, zwischendurch mit Salz und Pfeffer würzen.

3   Den Quark zunächst mit dem Frischkäse verrühren, dann die Frühlingszwiebel-Salbei-Mischung einrühren. Den Dip mit Salz und Pfeffer abschmecken.

4   Die Zucchini auf Tellern anrichten, den Salbei-Zwiebel-Dip dazugeben. Vom Parmesan mit einem Sparschäler Späne abhobeln und diese über die Zucchini verteilen. Etwas Paprikapulver über den Dip streuen.

Schmorgurken mit gebratenen Käsewürfeln

600 g Schmorgurken | 1 Gemüsezwiebel | 1 EL Öl | 125 ml Gemüsebrühe | schwarzer Pfeffer aus der Mühle | 100 g Bergkäse | Salz | 1 Kästchen Kresse

Für 2 Personen
Pro Portion 335 kcal, 18 g EW, 24 g F, 10 g KH

1 Die Schmorgurken waschen, putzen und in essstäbchendicke, 6–7 cm lange Streifen schneiden. Die Zwiebel schälen, vierteln und die Viertel in Scheiben schneiden.

2 1 TL Öl in einem Topf erhitzen und die Zwiebeln darin glasig werden lassen. Die Gurkenstreifen einrühren, dann die Brühe angießen. Alles mit Pfeffer würzen und zugedeckt 10 Min. schmoren.

3 Inzwischen den Bergkäse in 2–3 cm große Würfel schneiden. Das restliche Öl in einer kleinen beschichteten Pfanne erhitzen, die Käsewürfel darin bei mittlerer bis starker Hitze rundherum 3–5 Min. braten. Sie sollen nicht zerlaufen, aber eine leichte Kruste bekommen. Die Würfel deshalb erst wenden, wenn die Unterseite goldbraun ist.

4 Die Schmorgurken mit Salz und Pfeffer abschmecken. Die Kresse vom Beet schneiden und unterrühren. Mit den gebratenen Käsewürfeln anrichten.

TIPPS: Falls Ihnen das Braten vom Käse zu aufwendig ist, geben Sie stattdessen klein gewürfelten Feta zu den Schmorgurken.
Wenn es keine Schmorgurken gibt, gelingt und schmeckt das Essen auch mit Zucchini wunderbar.

Gebratener Spargel mit Eier-Kräuter-Sauce

3 Eier | 750 g grüner Spargel | 20 g Butter | 125 ml Gemüsebrühe | weißer Pfeffer aus der Mühle | 1 Handvoll Kerbel oder glatte Petersilie | $1/2$ Bund Schnittlauch | 150 g fettarmer Joghurt (1,5 % Fett) | Salz

Für 2 Personen
Pro Portion 296 kcal, 19 g EW, 20 g F, 10 g KH

1 Die Eier anstechen, in kochendes Wasser legen und ca. 10 Min. kochen lassen. Inzwischen den Spargel waschen, putzen und im unteren Drittel schälen. Die Butter in einem breiten Topf zerlassen und den Spargel darin bei mittlerer Hitze rundherum anbraten. Mit der Gemüsebrühe ablöschen, leicht pfeffern und zugedeckt ca. 6 Min. dünsten.

2 Die Kräuter waschen und trocken schütteln. Den Kerbel oder die Petersilie fein hacken, den Schnittlauch in Röllchen schneiden. Die Kräuter mit dem Joghurt verrühren.

3 Die Eier unter kaltem Wasser ein wenig abkühlen, schälen und in kleine Würfel schneiden. Unter den Kräuterjoghurt rühren und diesen mit Salz und Pfeffer würzen.

4 Den Spargel abtropfen lassen und mit der Eier-Kräuter-Sauce anrichten.

TIPP: Wer nur weißen Spargel bekommt, kann den natürlich ebenso zubereiten. Allerdings verlängert sich dann die Zubereitungszeit. Zum einen, weil weißer Spargel mehr Arbeit beim Putzen und Schälen macht, und zum anderen, weil weißer Spargel eine längere Garzeit hat. Je nach Dicke der Stangen müssen Sie 12–18 Min. rechnen. Machen Sie die Garprobe mit einem spitzen Messer.

Madrasgemüse

1 Chilischote | 1 Knoblauchzehe |
30 g frischer Ingwer | 2 Zwiebeln |
1 Aubergine | 1–2 Zucchini | 1 EL Öl |
1–2 TL Madrascurry | 150 g Vollmilch-
joghurt | 2 EL gemahlene Mandeln |
2 EL Tomatenmark | Salz | etwas Kori-
andergrün (nach Belieben)

Für 2 Personen
Pro Portion 363 kcal, 16 g EW, 22 g F, 23 g KH

1 Die Chilischote waschen und putzen, den
Knoblauch und den Ingwer schälen. Alles
fein hacken. Die Zwiebeln schälen und grob
würfeln. Die Aubergine und die Zucchini waschen, putzen und mundgerecht würfeln.

2 Das Öl in einem Topf erhitzen, die Zwie-
beln und die Knoblauch-Ingwer-Chili-
Mischung darin unter Rühren anbraten.
Zuerst den Curry einrühren, dann auch das
Gemüse. Mit 100 ml Wasser ablöschen und
zugedeckt 10 Min. schmoren.

3 Den Joghurt mit den Mandeln und dem
Tomatenmark glatt rühren. Unter das Gemüse mischen und alles bei schwacher Hitze
noch 5 Min. sanft garen.

4 Das Madrasgemüse mit Salz abschmecken und, nach Belieben mit Koriandergrün
bestreut, servieren.

SO WIRD'S EIN MITTAGESSEN: Genießen Sie
dazu den in Indien beliebten Basmatireis. Gut
passen auch Naan-Brote, die Sie fertig in Asien-
shops kaufen oder auch selber backen können
(siehe Tipp S. 53).

TIPP: Madrascurry für den Vorrat selbst herzustel-
len geht beispielsweise so: 10–12 getrocknete rote
Chilischoten, 6 EL Koriandersamen, 2 EL Senfkör-
ner und 4 EL schwarze Pfefferkörner in einer Pfanne
einige Minuten rösten, bis sie angenehm duften.
Mit 1 TL Gewürznelken und 1 Stück Zimtstange dazugeben, die Gewürzmischung fein mahlen oder im
Mörser fein zerreiben und dann mit je 2 EL gemah-
lener Kurkuma und Ingwerpulver vermischen.

Asiatischer Spinat mit Käse

2 Zwiebeln | 1 Knoblauchzehe | 10 g frischer Ingwer | 1 TL Butterschmalz (oder Öl) | 1 EL Currypulver | 400 g TK-Blattspinat | 1 EL Schmand | Salz | schwarzer Pfeffer aus der Mühle | 150 g milder Feta

Für 2 Personen
Pro Portion 291 kcal, 19 g EW, 21 g F, 4 g KH

1 Die Zwiebeln, den Knoblauch und den Ingwer schälen. Die Zwiebeln in feine Streifen schneiden, den Knoblauch und den frischen Ingwer klein hacken.

2 Das Butterschmalz in einem Topf erhitzen. Zwiebeln, Knoblauch und Ingwer einrühren und leicht anbraten. Mit dem Currypulver bestäuben und dieses anschwitzen.

3 Den Blattspinat in den Topf geben und unter häufigem Rühren erst bei schwacher Hitze auftauen lassen, dann bei stärkerer Hitze aufkochen lassen.

4 Den Schmand unter den Spinat rühren und alles mit Salz und Pfeffer abschmecken. Zuletzt den Feta in mundgerechte Würfel schneiden. Nur kurz unterrühren, damit er nicht gleich schmilzt und sofort servieren.

NOCH SCHNELLER GEHT'S, wenn Sie den Spinat rechtzeitig im Kühlschrank oder bei geringer Leistung in der Mikrowelle auftauen lassen.

INFO

In Indien liebt man einen frischen, milden Käse, der je nach Reifegrad an Feta oder Ricotta erinnert. Traditionell wird er in jedem Haushalt frisch zubereitet, wie auch jede Hausfrau ihr eigenes, ganz persönliches Currygewürz mixt.

Paprika-Medaillons mit gebratenem Chicorée

4 Stauden Chicorée (insgesamt ca. 600 g) | 1 Bund Frühlingszwiebeln | 2 EL Olivenöl | 100 ml trockener Weißwein | 6 Putenmedaillons (je ca. 50 g) | Salz | schwarzer Pfeffer aus der Mühle | edelsüßes Paprikapulver

Für 2 Personen
Pro Portion 361 kcal, 40 g EW, 12 g F, 13 g KH

1 Den Chicorée waschen. Die äußeren Blätter ablösen und am Strunk eine dünne Scheibe abschneiden. Die Stauden dann längs halbieren – sie sollen am Strunk noch zusammenhängen.

2 Die Frühlingszwiebeln waschen, putzen und in feine Ringe schneiden. 1 EL Olivenöl in einer breiten beschichteten Pfanne leicht erhitzen, die Chicoréestauden mit den Schnittflächen nach unten hineinlegen und leicht anbraten. Dann wenden, die Frühlingszwiebeln dazugeben und alles zusammen kurz anbraten.

3 Den Wein angießen und das Gemüse zugedeckt 5–10 Min. dünsten.

4 Inzwischen die Putenmedaillons kalt abwaschen und abtrocknen. Das restliche Öl in einer zweiten Pfanne erhitzen und das Fleisch darin bei mittlerer Hitze von beiden Seiten anbraten. Mit Salz, Pfeffer und Paprikapulver würzen und bei mittlerer Hitze von jeder Seite 3–4 Min. braten.

5 Den gebratenen Chicorée mit den Putenmedaillons anrichten.

Hähnchenschnitzel à la Pizzaiola

125 g Champignons | 1 Zwiebel | 1 Knoblauchzehe | 2 EL Olivenöl | getrockneter Oregano | 125 ml trockener Rotwein | 1 kleine Packung stückige Tomaten (z.B. mit Basilikum; 370 g) | Salz | schwarzer Pfeffer aus der Mühle | 2 dünne Hähnchenschnitzel (je ca. 125 g)

Für 2 Personen
Pro Portion 335 kcal, 33 g EW, 12 g F, 14 g KH

1 Die Champignons mit einem feuchten Tuch abreiben, putzen und in Scheiben schneiden. Die Zwiebel schälen und klein würfeln, den Knoblauch schälen und durch die Presse drücken.

2 1 EL Olivenöl in einem Topf erhitzen, die Zwiebeln und den Knoblauch darin unter Rühren glasig werden lassen. Die Pilze dazugeben, dann auch etwas Oregano. Mit Rotwein ablöschen und diesen bei starker Hitze etwas einkochen lassen.

3 Die stückigen Tomaten einrühren, das Ganze mit Salz und Pfeffer abschmecken und leicht köcheln lassen.

4 Inzwischen das restliche Öl in einer beschichteten Pfanne erhitzen. Die Hähnchenschnitzel kalt abwaschen und abtrocknen, im heißen Öl von jeder Seite ca. 3 Min. braten. Salzen und pfeffern, auf Teller geben und die Sauce darüber verteilen.

TIPP: Nach Belieben zusätzlich 300 g Brokkoli oder Blumenkohl dämpfen oder dünsten. Pro Portion kommen dann nur ca. 25 kcal und je 3 g Eiweiß und Kohlenhydrate hinzu.

Hähnchengeschnetzeltes mit Artischocken

300 g Hähnchenbrustfilet | 4 weiche getrocknete Tomaten | 1 Dose Artischockenböden (210 g Abtropfgewicht) | 40 g Pinienkerne | 1 EL Olivenöl | Salz | schwarzer Pfeffer aus der Mühle | 1 TL kleine Kapern | 125 ml trockener Weißwein | $1/2$ Bund Schnittlauch

Für 2 Personen
Pro Portion 390 kcal, 44 g EW, 16 g F, 5 g KH

1 Das Hähnchenbrustfilet kalt abwaschen, abtrocknen und fein schnetzeln. Die Tomaten mit heißem Wasser übergießen, abtropfen lassen und in sehr feine Streifen schneiden. Die Artischockenböden abtropfen lassen und in Streifen schneiden.

2 Die Pinienkerne in einer beschichteten Pfanne leicht anrösten. Aus der Pfanne nehmen und beiseitestellen.

3 Das Olivenöl in der Pfanne erhitzen und das Hähnchenfleisch darin rundherum bei mittlerer Hitze goldbraun anbraten.

4 Die Tomaten, die Artischockenböden und die Pinienkerne in die Pfanne geben und alles mit Salz, Pfeffer und den Kapern würzen. Mit dem Wein ablöschen und offen noch 2–3 Min. köcheln lassen.

5 Den Schnittlauch waschen, trocken schütteln und in Röllchen schneiden. Über das Geschnetzelte streuen.

Hähnchen mit Radieschen

6 Hähnchenmedaillons (je ca. 50 g) | Salz | schwarzer Pfeffer aus der Mühle | 2 Bund Radieschen | 6 Salbeiblättchen | 2 EL Öl | gemahlene Vanille | 100 ml Hühnerbrühe | 100 g Schmand

Für 2 Personen
Pro Portion 358 kcal, 38 g EW, 21 g F, 4 g KH

1 Die Hähnchenmedaillons kalt abwaschen und abtrocknen. Rundherum mit Salz und Pfeffer würzen. Die Radieschen waschen und putzen, einige schöne Blätter hacken. Die Radieschen je nach Größe halbieren oder vierteln. Den Salbei waschen, trocken schütteln und in feine Streifen schneiden.

2 $1 1/2$ EL Öl in einer Pfanne erhitzen. Die Medaillons darin von beiden Seiten bei mittlerer Hitze anbraten, bei reduzierter Hitze von jeder Seite noch 3–4 Min. sanft braten.

3 Inzwischen das restliche Öl in einem kleinen Topf erhitzen, den Salbei darin anschwitzen. Die Radieschen hineingeben und leicht anbraten, mit Salz, Pfeffer und 1 Prise Vanille würzen. Die Brühe angießen und die Radieschen zugedeckt 5 Min. dünsten.

4 Die Medaillons aus der Pfanne nehmen und auf vorgewärmte Teller setzen. Sofort mit etwas Kochflüssigkeit der Radieschen den Bratensatz in der Pfanne unter Rühren lösen. Schmand einrühren und alles einmal aufkochen. Mit Salz und Pfeffer würzen.

5 Radieschengrün und Radieschen mischen und mit den Medaillons anrichten, die Sauce über die Medaillons geben.

Hähnchen mit Bärlauchgemüse

2 Hähnchenschnitzel (je ca. 125 g) | Salz | schwarzer Pfeffer aus der Mühle | edelsüßes Paprikapulver | 1 Bund Sauerampfer | 1 Bund Bärlauch | 1 Bund Frühlingszwiebeln | 20 g Butter | 1 Beutel Mozzarella »light« (125 g)

Für 2 Personen
Pro Portion 376 kcal, 45 g EW, 16 g F, 11 g KH

1 Die Hähnchenschnitzel kalt abwaschen, abtrocknen und rundherum mit Salz, Pfeffer und Paprikapulver einreiben.

2 Den Sauerampfer und den Bärlauch waschen, verlesen, trocken schütteln und getrennt voneinander grob hacken. Die Frühlingszwiebeln waschen, putzen und in Ringe schneiden.

3 Die Butter in einer breiten Pfanne aufschäumen, die Hähnchenschitzel darin bei mittlerer Hitze rundherum leicht anbraten. Die Hitze reduzieren und die Schnitzel 5 Min. garen.

4 Die Schnitzel aus der Pfanne nehmen. Frühlingszwiebeln und Bärlauch in die Pfanne geben und mit dem Bratfett verrühren, das Gemüse einige Minuten bei schwacher Hitze dünsten.

5 Den Mozzarella abtropfen lassen und in Würfel schneiden, zusammen mit dem Sauerampfer unter das Gemüse mischen und dieses abschmecken.

6 Die Schnitzel wieder in die Pfanne geben und alles noch kurz erwärmen.

Entenbrust mit Mangoldgemüse

2 kleine Entenbrustfilets mit Haut (je ca. 200 g) | Salz | schwarzer Pfeffer aus der Mühle | 2 TL abgeriebene Bio-Orangenschale | 1 Mangoldstaude | 1 Zwiebel | 150 g Champignons | 1 TL Öl | 2 TL Currypulver | 1 EL Weinessig

Für 2 Personen
Pro Portion 375 kcal, 32 g EW, 25 g F, 6 g KH

1 Die Entenbrustfilets kalt abwaschen und abtrocknen. Einen Teil der Haut abschneiden, den Rest mit einem scharfen Messer im Karomuster bis knapp über das Fleisch einschneiden. Die Filets rundherum mit Salz, Pfeffer und Orangenschale einreiben.

2 Mangold waschen, putzen und trocken schütteln. Die hellen Stiele quer in dünne Scheiben, das Blattgrün in 1–2 cm breite Streifen schneiden. Die Zwiebel schälen und klein würfeln. Die Champignons mit einem feuchten Tuch abreiben, putzen, vierteln.

3 Eine beschichtete Pfanne erhitzen. Die Entenbrustfilets mit der Hautseite nach unten hineinlegen und scharf anbraten. Die Filets dann wenden und bei schwacher Hitze insgesamt knapp 10 Min. braten.

4 Inzwischen in einem Topf im heißen Öl die Zwiebelwürfel glasig werden lassen. Curry darüberstäuben, Mangoldstiele und Champignons einrühren. Kurz durchkochen, dann die Mangoldblätter einrühren und das Gemüse zugedeckt noch 5 Min. dünsten.

5 Das Gemüse mit Essig, Salz und Pfeffer würzen. Mit den Entenbrustfilets anrichten.

Kebabs mit Auberginencreme

250 g Schweinefilet | 1 kleine rote Paprika-
schote | 1 Zwiebel | Salz | schwarzer
Pfeffer | 1 Aubergine | 250 ml Gemüse-
brühe | 1 EL Olivenöl | 1 TL Ras al hanout
(arabische Gewürzmischung) | 2 EL geröste-
te Sesamsamen | etwas frische Minze |
200 g griechischer oder türkischer Joghurt
(10 % Fett) | 1 TL Sesamöl

Außerdem: Tischgrill oder Grillpfanne,
4 (Holz-)Spieße

Für 2 Personen
Pro Portion 382 kcal, 34 g EW, 22 g F, 10 g KH

1 Den Tischgrill aufheizen oder eine Grillpfanne bereitstellen. Das Schweinefilet kalt
abwaschen, abtrocknen und 2 cm groß würfeln. Paprika waschen, putzen, entkernen
und klein schneiden. Zwiebel schälen, vierteln und in Schichten teilen. Die Zutaten auf
Spieße reihen. Auf dem Grill oder in der erhitzten Grillpfanne unter häufigem Wenden
ca. 15 Min. garen, dabei salzen und pfeffern.

2 Inzwischen die Aubergine waschen und
würfeln. Zusammen mit der Brühe in einen
Topf geben, alles aufkochen und zugedeckt
bei mittlerer Hitze 10 Min. garen.

3 Die Auberginenwürfel abtropfen lassen
und pürieren. Mit Olivenöl, Ras al hanout
und 1 EL Sesamsamen verrühren, mit Salz
und Pfeffer abschmecken.

4 Die Minze waschen und trocken schütteln, die Blättchen abzupfen und hacken,
mit dem Joghurt verrühren und mit Salz und
Pfeffer abschmecken.

5 Die Kebabs mit der Auberginencreme und
dem Minz-Joghurt anrichten. Die restlichen
Sesamsamen aufstreuen und das Sesamöl
über den Joghurt träufeln.

TIPP: Ras al hanout bekommen Sie in arabischen
Spezialitätenshops. Alternativ können Sie die Auberginen jeweils mit etwas gemahlenem Pfeffer,
Zimt, Kardamom, Kreuzkümmel, Muskat und gemahlenen Nelken abschmecken, denn diese Gewürze stecken – neben noch einigen anderen – in
der marokkanischen Gewürzmischung.

Salbei-Kaninchen

100 g Schalotten | 4 Kaninchenfilets (je ca. 75 g) | Salz | Zitronenpfeffer | 2–3 Zweige Salbei | 4 Scheiben magerer roher Schinken (ca. 75 g) | 2 EL Olivenöl | 2 EL trockener Masala oder Sherry | 125 ml Gemüsebrühe | 500 g Brokkoli | 30 g Parmesan am Stück

Für 2 Personen
Pro Portion 379 kcal, 30 g EW, 22 g F, 9 g KH

1 Die Schalotten schälen und klein würfeln. Die Kaninchenfilets mit kaltem Wasser abwaschen und mit Küchenpapier abtrocknen. Von allen Seiten mit Salz und dem Zitronenpfeffer einreiben.

2 Salbei waschen, trocken schütteln und die Blättchen abzupfen. Jedes Kaninchenfilet mit zwei oder drei Salbeiblättern belegen und mit einer Schinkenscheibe umwickeln.

3 Das Öl in einer beschichteten Pfanne nicht zu stark erhitzen, die Kaninchenfilets darin rundherum leicht anbraten. Die Scha-

lotten und noch einige Salbeiblätter in die Pfanne geben und anschwitzen.

4 Zuerst Masala oder Sherry darüberträufeln, dann die Brühe angießen. Alles offen bei mittlerer Hitze knapp 10 Min. dünsten, zwischendurch die Kaninchenfilets mehrmals wenden.

5 Inzwischen den Brokkoli waschen, putzen und klein schneiden. Mit wenig Salzwasser in einen Topf geben, aufkochen und zugedeckt 6–8 Min. dünsten.

6 Die Salbei-Schalotten-Sauce würzig abschmecken. Den Brokkoli abtropfen lassen. Beides zusammen mit den Kaninchenfilets anrichten. Den Parmesan über den Brokkoli reiben und servieren.

Spanische Kaninchenkeulen

2 Kaninchenkeulen (je 200–250 g) | Salz | schwarzer Pfeffer aus der Mühle | 1 EL Olivenöl | 2 Zwiebeln | 1–2 Knoblauchzehen | 400 g Zucchini | 15 g Pinienkerne | 30 g kleine grüne, entsteinte Oliven | 1 Zimtstange | 2 Lorbeerblätter | 100 ml Gemüsebrühe

Für 2 Personen
Pro Portion 365 kcal, 34 g EW, 22 g F, 6 g KH

1 Die Kaninchenkeulen kalt abwaschen und abtrocknen, rundherum mit Salz und Pfeffer würzen. Das Öl in einem Schmortopf erhitzen und die Kaninchenkeulen darin bei mittlerer Hitze rundherum anbraten.

2 Inzwischen die Zwiebeln schälen und in Spalten schneiden. Den Knoblauch schälen und in dünne Scheiben schneiden oder durchpressen. Die Zucchini waschen, putzen und in Scheiben schneiden.

3 Das Gemüse zu den Kaninchenkeulen geben und kurz mit anbraten. Die Pinienkerne, Oliven, Zimt und die Lorbeerblätter dazugeben, alles verrühren und mit der Gemüsebrühe ablöschen. Zugedeckt knapp 15 Min. schmoren.

4 Das Gemüse abschmecken und auf Teller geben, dabei die Lorbeerblätter und die Zimtstange entfernen. Mit den Kaninchenkeulen servieren.

TIPP: Die Kaninchenkeulen dürfen nicht schwerer und damit größer als in der Zutatenliste angegeben sein, sonst haben sie eine längere Garzeit.

Kernige Hackfleisch-Pfanne

1 Stange Lauch | 1 Kohlrabi | 2 TL Öl | 30 g Sonnenblumenkerne | 250 g mageres Rinderhackfleisch | Salz | schwarzer Pfeffer aus der Mühle | 1 Päckchen gemischte TK-Kräuter | 100 ml Gemüsebrühe | 50 g fettarmer Frischkäse (5 % Fett absolut) | 150 g fettarmer Joghurt

Für 2 Personen
Pro Portion 375 kcal, 29 g EW, 22 g F, 13 g KH

1 Den Lauch putzen, längs aufschlitzen und waschen, trocken schütteln und in Ringe schneiden. Den Kohlrabi waschen und schälen, etwas Kohlrabigrün beiseitelegen. Die Knolle erst in $1/2$ cm dicke Scheiben, die Scheiben dann in Streifen schneiden.

2 Das Öl in einer breiten Pfanne leicht erhitzen, die Sonnenblumenkerne darin ein wenig anrösten. Das Hackfleisch dazugeben und bei mittlerer Hitze anbraten, dann auch das vorbereitete Gemüse einrühren.

3 Die Mischung mit Salz, Pfeffer und den gemischten Kräutern würzen, die Brühe und den Frischkäse darunterrühren. Alles offen bei mittlerer Hitze und unter gelegentlichem Rühren ca. 5 Min. garen.

4 Inzwischen das Kohlrabigrün hacken und mit dem Joghurt verrühren, diesen mit Salz und Pfeffer würzig abschmecken. Den Joghurt zum Servieren auf die Hackfleisch-Gemüse-Mischung geben.

Tomaten-Mandel-Schnitzel

4 kleine flache Putenschnitzel (je ca. 50 g) |
4 getrocknete Tomaten | 40 g gemahlene
Mandeln | schwarzer Pfeffer aus der Mühle |
1 kleines Ei | 2 EL Öl | 400 g TK-Blattspinat |
Salz | Muskatnuss, frisch gerieben

Für 2 Personen
Pro Portion 386 kcal, 37 g EW, 25 g F, 3 g KH

1 Die Putenschnitzel kalt abwaschen und
abtrocknen. Die getrockneten Tomaten ganz
fein hacken und mit den gemahlenen Mandeln und Pfeffer auf einem tiefen Teller mischen. Das Ei auf einem zweiten Teller verquirlen. Die Schnitzel erst im Ei und dann in
der Mandelmischung wenden.

2 Das Öl in einer kleinen beschichteten
Pfanne erhitzen. Die Schnitzel darin rundherum bei schwacher Hitze 10 Min. goldbraun
braten. Die Hitze nicht zu stark wählen,
sonst verbrennen die Tomaten.

3 Inzwischen den Spinat in einen Topf
geben und bei mittlerer Hitze unter häufigem Rühren auftauen lassen. Mit Salz, Pfeffer und Muskatnuss herzhaft abschmecken.

4 Die Schnitzelchen mit dem Spinat auf
Tellern anrichten und servieren.

 I N F O

Paniertes wird hier ohne Mehl zubereitet, da
Kohlenhydrate ja bei Schlank im Schlaf am
Abend nicht gewollt sind. Um dennoch eine
feine Hülle ums Schnitzel zu legen, werden
gemahlene Mandeln verwendet. Natürlich
können Sie auch andere gemahlene Nüsse
und Samen wie Haselnüsse, Walnüsse,
Pinienkerne oder Cashewkerne nehmen.

Hühnerfrikassée mit Pfifferlingen

300 g Hähnchenbrustfilet | 1 Bund Frühlingszwiebeln | 1 EL Butter | 1 kleines Glas Pfifferlinge (ca. 100 g Abtropfgewicht) | Salz | Zitronenpfeffer | gemahlener Piment | gemahlener Safran | 2 EL geschälte gemahlene Mandeln | 100 ml trockener Weißwein (oder Hühnerbrühe) | 75 g saure Sahne

Für 2 Personen
Pro Portion 369 kcal, 41 g EW, 15 g F, 8 g KH

1 Das Hähnchenbrustfilet kalt abwaschen, abtrocknen und mundgerecht würfeln. Die Frühlingszwiebeln waschen, putzen und die weißen Teile in dünne Scheiben, die grünen Teile schräg in Ringe schneiden.

2 Die Butter in einem Topf zerlassen. Das Fleisch und die weißen Frühlingszwiebelteile hineingeben und bei mittlerer Hitze unter Rühren leicht anbraten, ohne dass das Fleisch zu stark Farbe annimmt.

3 Die Pfifferlinge abtropfen lassen und mit den grünen Zwiebelteilen in den Topf geben. Alles mit Salz, Zitronenpfeffer, Piment und 1 Prise Safran würzen und 3 Min. unter gelegentlichem Rühren garen.

4 Die gemahlenen Mandeln über die anderen Zutaten streuen. Unter Rühren mit dem Weißwein ablöschen, dann auch die saure Sahne einrühren. Noch kurz erhitzen und würzig abschmecken.

TIPP: Ist gerade Pilzsaison? Dann sollten Sie ca. 200 g frische Pfifferlinge nehmen, die Sie allerdings putzen und verlesen müssen.

Gratinierte Steaks mit Gurkensalat

2 Rindersteaks (je ca. 150 g; z.B. aus der Hüfte) | 1 Knoblauchzehe | 2 EL Öl | Salz | grob gemahlener schwarzer Pfeffer | 1 TL abgeriebene Bio-Zitronenschale | 1 TL scharfer Senf | 3 EL gehackte Petersilie | 3 EL gemahlene Mandeln | 1 Salatgurke | 150 g fettarmer Joghurt

Außerdem: ofenfeste Form

Für 2 Personen
Pro Portion 382 kcal, 39 g EW, 23 g F, 4 g KH

1 Den Backofen auf 200° (Umluft 180°) vorheizen. Die Steaks mit kaltem Wasser abwaschen und abtrocknen.

2 Den Knoblauch schälen und zerdrücken, mit Öl, Salz, grob gemahlenem schwarzem Pfeffer, abgeriebener Zitronenschale, Senf, 1 EL Petersilie und den Mandeln verrühren.

3 Eine beschichtete (Grill-) Pfanne erhitzen, die Steaks darin von beiden Seiten scharf anbraten, dabei salzen und pfeffern. In eine ofenfeste Form legen, die Petersilien-Mandel-Mischung darauf verteilen. Im Backofen (Mitte) ca. 10 Min. überbacken.

4 In der Zwischenzeit die Gurke schälen und in Stifte schneiden. Den Joghurt mit Salz, Pfeffer und der restlichen Petersilie verquirlen und die Gurkenstifte darin wenden. Herzhaft abschmecken.

5 Die überbackenen Rindersteaks mit dem Gurkensalat anrichten.

Beef in Wasabirahm

400 g Zucchini | 100 g frische Mungobohnenkeime | 400 g Rinderfilet | Salz | schwarzer Pfeffer aus der Mühle | gemahlener Kardamom | 1 Glas Rinderfond (400 ml; ersatzweise Fleischbrühe) | 1–3 EL Wasabipaste (je nach Sorte und gewünschtem Schärfegrad) | 100 g Schmand | 2 EL Sojasauce | 2 EL Koriandergrün (nach Belieben)

Für 2 Personen
Pro Portion 346 kcal, 39 g EW, 18 g F, 7 g KH

1 Die Zucchini waschen, putzen und in 1 cm große Würfel schneiden. Die Bohnenkeime in einem Sieb kalt abspülen. Das Rinderfilet kalt abwaschen, abtrocknen und in $1/2$ cm dicke Scheiben schneiden. Gleichmäßig mit Salz, Pfeffer und Kardamom einreiben.

2 Den Rinderfond in einem breiten Topf aufkochen lassen. Die Zucchiniwürfel hineingeben und $1/2$ Minute kochen lassen. Dann die Filetscheiben in den Fond legen, die Hitze reduzieren und das Fleisch zugedeckt 2–3 Min. pochieren.

3 Das Fleisch aus dem Topf nehmen und zugedeckt warm stellen. Etwa die Hälfte des Fonds aus dem Topf abgießen. Die Zucchini im Topf wieder aufkochen, die Bohnenkeime einrühren. Die Flüssigkeit bei starker Hitze etwas einkochen lassen. Wasabi und Schmand einrühren und alles mit Pfeffer und der Sojasauce abschmecken.

4 Das Fleisch mit dem Gemüse und Wasabirahm auf tiefen Teller anrichten. Das Koriandergrün nach Belieben kalt abspülen und trocken schütteln, die Blättchen abzupfen, grob hacken und darüberstreuen.

Provenzalische Lammkoteletts

6 kleine Lammkoteletts (mit Knochen; ca. 350 g) | 1 Knoblauchzehe | 2 EL Olivenöl | schwarzer Pfeffer aus der Mühle | 2 TL getrocknete Kräuter der Provence | 1 Paprikaschote | 1 Aubergine | 1 Zucchini | 1 Packung Tomatenfruchtfleisch (mit Basilikum; 370 g) | Salz | 1 TL abgeriebene Bio-Orangenschale

Für 2 Personen
Pro Portion 391 kcal, 41 g EW, 17 g F, 17 g KH

1 Die Lammkoteletts mit kaltem Wasser abwaschen, abtrocknen und das sichtbare Fett abschneiden. Den Knoblauch schälen, mit einem Messer zerdrücken und mit Olivenöl, Pfeffer und 1 TL Kräutern verrühren. Die Lammkoteletts damit rundherum einstreichen und kurz beiseitestellen.

2 Das Gemüse waschen und putzen, die Paprikaschote dabei entkernen. Das Gemüse in Streifen schneiden.

3 Das Tomatenfruchtfleisch mit dem vorbereiteten Gemüse in einen Topf geben, die restlichen Kräuter der Provence einrühren und alles mit Salz und Pfeffer würzen. Aufkochen und zugedeckt bei schwacher Hitze 10 Min. köcheln lassen.

4 Inzwischen eine beschichtete Pfanne erhitzen. Die Lammkoteletts darin von jeder Seite 2–3 Min. braten, zwischendurch salzen und mit der Orangenschale bestreuen.

5 Das Gemüse abschmecken und mit den Lammkoteletts anrichten.

VARIANTE: Das Provenzalische Gemüse passt natürlich ebenso gut zu jedem anderen Steak oder Schnitzel. Auch lecker: Sie kombinieren es einmal mit Hackbällchen. Dafür etwa 200 g mageres Rinderhackfleisch kräftig würzen, zu kleinen Bällchen formen, diese kurz in wenig heißem Öl anbraten und dann im Gemüse noch etwa 10 Minuten mitköcheln und so fertig garen.

Lamm-Zwiebel-Ragout

2 Lammlachse (ca. 300 g; Lammrücken
ohne Knochen) | 2 Gemüsezwiebeln |
1 EL Öl | 1 Knoblauchzehe | 1–2 EL Curry-
pulver | 100 ml Lammfond (oder Gemüse-
brühe) | Salz | schwarzer Pfeffer aus
der Mühle | 1 Handvoll Rucola | 100 g Feta
»light«

Für 2 Personen
Pro Portion 379 kcal, 44 g EW, 16 g F, 15 g KH

1 Das Lammfleisch kalt abwaschen, abtrocknen und in mundgerechte Würfel
schneiden. Die Gemüsezwiebeln schälen
und halbieren, die Hälften in Scheiben
schneiden – das sind dann halbe Ringe.

2 Das Öl in einer breiten Pfanne erhitzen
und das Fleisch darin bei mittlerer Hitze
rundherum anbraten. Die Zwiebeln dazugeben und anschwitzen.

3 Den Knoblauch schälen und dazupressen. Das Currypulver darüberstäuben und
ebenfalls leicht anschwitzen, dann mit dem

Lammfond ablöschen. Alles mit Salz und
Pfeffer abschmecken und zugedeckt bei
mittlerer Hitze 10 Min. schmoren.

4 Den Rucola waschen, trocken schütteln
und hacken. Unter das Lammragout mischen
und dieses herzhaft abschmecken. Auf Teller verteilen und den Feta darüberbröckeln.

SO WIRD'S EIN MITTAGESSEN: Ergänzen Sie das
Lamm-Zwiebel-Ragout durch ein würziges Kräuter-
Couscous. Dafür etwa 150 g Instant-Couscous mit
150 ml kochend heißem Wasser übergießen und
einige Minuten ziehen lassen. Mit reichlich frischen gehackten Kräutern vermischen, nach Belieben auch mit einigen fein geschnittenen Paprika-
oder Tomatenwürfeln.

Steaks mit Paprika-Mandel-Salsa

30 g Mandelstifte | etwas frisches Koriandergrün | 1 rote Paprikaschote | $1/4$ Salatgurke | 3 Frühlingszwiebeln | 2 EL Zitronensaft | Salz | schwarzer Pfeffer aus der Mühle | einige getrocknete Chiliflocken | 2 Rindersteaks (je 150 g; z.B. Filet oder Hüfte) | 1 EL Öl

Für 2 Personen
Pro Portion 362 kcal, 38 g EW, 20 g F, 7 g KH

1 Die Mandeln in einer trockenen Pfanne ohne Zugabe von Fett goldgelb rösten. Aus der Pfanne nehmen. Das Koriandergrün waschen, trocken schütteln und hacken.

2 Die Paprikaschote waschen, putzen und entkernen. Die Salatgurke schälen, die Frühlingszwiebeln waschen und putzen. Alles fein würfeln und mit dem Zitronensaft, Salz, Pfeffer und Chiliflocken vermischen. Mandeln und Koriandergrün untermengen und die Salsa herzhaft abschmecken.

3 Die Steaks kalt abwaschen und abtrocknen, in einer Pfanne im heißen Öl rundum scharf anbraten. Mit Salz und Pfeffer würzen, von jeder Seite bei mittlerer Hitze noch 4–6 Min. (je nach Dicke und gewünschtem Garzustand) braten. Die Steaks mit der Paprika-Mandel-Salsa anrichten.

SO WIRD'S EIN MITTAGESSEN: 800 g kleine Kartoffeln (»Drillinge«) waschen und in einem Topf knapp mit Wasser bedecken. Salzen, aufkochen und die Kartoffeln zugedeckt in ca. 15 Min. garen. Zu den Steaks servieren.
Ebenfalls fein: Die Salsa aufpeppen, indem Sie das Fruchtfleisch von 1 Mango untermischen.

Steak mit Petersiliensauce

4 kleine Rindersteaks (je ca. 80 g) | Steakpfeffer | 1 Zwiebel | 2 Knoblauchzehen | 1 kleine rote Chilischote | 2 Bund glatte Petersilie | 1 Zweig Oregano | 5 EL Rotweinessig | 3 EL Olivenöl | 4 EL Gemüsebrühe | Salz | schwarzer Pfeffer aus der Mühle | 4 Tomaten

Außerdem: Tischgrill oder Grillpfanne

Für 2 Personen
Pro Portion 385 kcal, 37 g EW, 22 g F, 8 g KH

1 Die Steaks kalt abwaschen und abtrocknen, rundherum mit Steakpfeffer einreiben. Einen Tischgrill aufheizen oder eine Grillpfanne bereitstellen.

2 Für die Sauce die Zwiebel und den Knoblauch schälen, die Chilischote putzen und entkernen. Petersilie und Oregano waschen, trocken schütteln und die Blättchen abzupfen. Alles im Blitzhacker sehr fein hacken.

3 Die gehackten Zutaten mit Rotweinessig, Olivenöl und der Gemüsebrühe verrühren, mit Salz und schwarzem Pfeffer herzhaft abschmecken. beiseitestellen.

4 Die Steaks auf dem heißen Grill oder in der erhitzten Grillpfanne rundherum bei starker Hitze anbraten, dann bei reduzierter Hitze von jeder Seite 2–4 Min. (je nach Dicke der Steaks und nach gewünschtem Garzustand) grillen, dabei salzen.

5 Tomaten waschen, halbieren und kurz auf den Grill legen. Die Steaks mit den Tomaten und der Petersiliensauce anrichten.

Kalbsröllchen in Tomaten-Senf-Rahm

4 dünne kleine Kalbsschnitzel (je 80 g) | Salz | schwarzer Pfeffer aus der Mühle | 2 dünne Scheiben gekochter Schinken | 2 Gewürzgurken | 1 große Zwiebel | 1 EL Öl | edelsüßes Paprikapulver | 100 ml Kalbsfond (aus dem Glas; ersatzweise Brühe) | 300 g Romanesco oder grüner Blumenkohl | 1 EL körniger Senf | 2 EL Tomatenmark | 50 g Schmand

Für 2 Personen
Pro Portion 388 kcal, 49 g EW, 18 g F, 7 g KH

1 Die Kalbsschnitzel kalt abwaschen, abtrocknen und auf einem Brett möglichst flach streichen. Mit Salz und Pfeffer würzen. Schinken und Gurken in Streifen schneiden und auf die Schnitzel legen, diese aufrollen und mit Spießen feststecken.

2 Die Zwiebel schälen und in Spalten schneiden. Das Öl in einem Topf erhitzen, die Röllchen darin bei mittlerer Hitze rundherum anbraten. Die Zwiebeln mit anbraten. Mit Salz und Paprikapulver würzen, den Fond angießen und die Röllchen fest zugedeckt bei mittlerer Hitze 10 Min. schmoren.

3 Inzwischen den Romanesco bzw. den Blumenkohl waschen, putzen und in mundgerechte Röschen teilen. Zugedeckt in wenig Salzwasser 6–8 Min. dünsten.

4 Die Röllchen aus dem Topf nehmen und zugedeckt warm stellen. Senf, Tomatenmark und den Schmand unter den Fond im Topf rühren und die Sauce bei starker Hitze etwas einkochen lassen. Abschmecken und zu den Röllchen und dem Kohl servieren.

Surf & Turf mit Sesamjoghurt

4 EL Sesamsamen (ca. 15 g) | 250 g Rinderfilet | 2 TL Steakpfeffer | 2 EL Öl | Salz | 6 geschälte Riesengarnelen | 1 Knoblauchzehe | schwarzer Pfeffer aus der Mühle | 150 g gemischter Salat | 4 EL Aceto balsamico | 2–3 EL kräftige Fleischbrühe | $1/2$– 1 TL geriebener Meerrettich | 150 g fettarmer Joghurt

Außerdem: ofenfeste Form

Für 2 Personen
Pro Portion 371 kcal, 38 g EW, 22 g F, 5 g KH

1 Ofen auf 200° (Umluft 180°) vorheizen. Sesam in einer Pfanne anrösten, bis er duftet. Herausnehmen und beiseitestellen.

2 Das Filet kalt abwaschen und abtrocknen, in 2 Steaks schneiden und rundherum mit Steakpfeffer würzen. 1 EL Öl in der Pfanne erhitzen und die Steaks darin von beiden Seiten scharf anbraten. Dann von jeder Seite noch ca. 2 Min. braten, dabei salzen. In eine ofenfeste Form heben und im vorgeheizten Ofen (Mitte) 10 Min. ruhen lassen.

3 Inzwischen die Garnelen kalt abwaschen und abtrocknen. In der erhitzten Pfanne kurz braten. Den Knoblauch schälen und dazupressen. Mit Salz und Pfeffer würzen.

4 Den Salat waschen und trocken schleudern. Das übrige Öl, Essig und Brühe verquirlen, mit Meerrettich, Salz und Pfeffer würzen. Den Salat darin wenden. Sesam in den Joghurt rühren und diesen mit Salz und Pfeffer abschmecken. Mit den Steaks, den Garnelen und dem Salat anrichten.

Katalanischer Meeresfrüchte-Topf

1 Zwiebel | 1 Lauchstange | 1 EL Olivenöl | 1 Knoblauchzehe | 1 kleine Dose geschälte Tomaten (400 g) | 100 ml trockener spanischer Weißwein | 250 g gemischte Meeresfrüchte (TK) | Salz | schwarzer Pfeffer aus der Mühle | gemahlener Safran | getrocknete Chilibrösel | 150 g Fischfilet (z.B. Seelachs) | 2 EL trockener Sherry

Für 2 Personen
Pro Portion 358 kcal, 38 g EW, 14 g F, 11 g KH

1 Die Zwiebel schälen und würfeln. Den Lauch putzen, aufschlitzen und waschen, in Ringe schneiden.

2 Das Öl in einem Topf erhitzen, den Knoblauch schälen und dazupressen. Die Zwiebeln und die Lauchringe einrühren und anschwitzen. Die Tomaten mit dem Saft dazugeben und mit einem Kochlöffel zerdrücken.

3 Den Weißwein angießen und die Meeresfrüchte einrühren. Alles mit Salz, Pfeffer, 1 Prise Safran und 1 Prise Chilibröseln würzen. Zugedeckt unter gelegentlichem Rühren 10 Min. köcheln lassen.

4 Inzwischen das Fischfilet kalt abwaschen und abtrocknen, mundgerecht würfeln und mit Salz und Pfeffer würzen.

5 Den Meeresfrüchtetopf mit Sherry verfeinern, die Fischwürfel einrühren und alles noch 2–3 Min. leicht köcheln lassen.

Rotbarsch mit gegrillten Austernpilzen

400 g Rotbarschfilet | Salz | schwarzer Pfeffer aus der Mühle | 3–4 feste Tomaten | 2 Schalotten | 300 g Austernpilze | 5 Zweige Zitronenthymian | 2 EL Olivenöl

Außerdem: Gratinform, Tischgrill oder Grillpfanne

Für 2 Personen
Pro Portion 372 kcal, 47 g EW, 19 g F, 3 g KH

1 Backofen auf 200° (Umluft 180°) vorheizen. Das Rotbarschfilet kalt abwaschen und abtrocknen, zunächst in Portionsstücke schneiden und dann quer durchschneiden, damit sie schneller gar werden. Mit Salz und Pfeffer würzen und in die Gratinform legen.

2 Tomaten waschen und ohne Stielansätze in Scheiben scheiden. Auf die Fischstücke legen und würzen. Die Schalotten schälen, klein würfeln und über die Tomaten streuen. Die Form mit Alufolie zudecken. Das Fischfilet im Ofen (Mitte) ca. 10 Min. garen.

3 Inzwischen einen Tischgrill aufheizen oder eine Grillpfanne bereitstellen. Die Austernpilze mit einem feuchten Tuch abreiben, dann putzen und zerteilen.

4 Den Thymian waschen und abtrocknen, die Blättchen abzupfen und mit Öl, Salz und Pfeffer verrühren. Die Pilze damit beträufeln und unter gelegentlichem Wenden auf dem heißen Tischgrill oder der erhitzten Grillpfanne rundherum 3–4 Min. grillen.

5 Den gebackenen Rotbarsch mit den Austernpilzen auf Tellern anrichten.

Gedämpfter Zander mit Kerbelrahm

2 Zanderfilets (je 150 g) | Salz | weißer
Pfeffer aus der Mühle | 2 EL Limettensaft |
20 g Butter | 1 Bund Frühlingszwiebeln |
100 ml trockener Weißwein | 2 Zucchini |
1 Handvoll Kerbel | 50 g Schmand

Für 2 Personen
Pro Portion 395 kcal, 38 g EW, 18 g F, 11 g KH

1   Die Fischfilets kalt abwaschen und abtrocknen, salzen, pfeffern und rundherum
mit Limettensaft beträufeln. Einen Dämpfeinsatz mit 1 TL Butter einfetten, die Fischfilets nebeneinander darauflegen.

2   Die Frühlingszwiebeln waschen, putzen
und in Ringe schneiden. Mit dem Wein in
einen für den Dämpfeinsatz passenden Topf
geben. Den Dämpfeinsatz daraufstellen und
den Deckel auf den Topf legen.

3   Den Wein aufkochen, dann den Fisch
darin fest zugedeckt 6–8 Min. dämpfen.

4   Inzwischen die Zucchini waschen und
putzen, längs in dünne Scheiben schneiden,
die Scheiben längs in bandnudelbreite
Streifen schneiden.

5   Die restliche Butter in einer breiten Pfanne erhitzen und die Zucchinistreifen darin
rundherum leicht anbraten. Mit Salz und
Pfeffer würzen und bei schwacher Hitze
garen und heiß halten.

6   Die Fischfilets vorsichtig aus dem Topf
nehmen und warm stellen. Den Kerbel waschen und trocken schütteln, die Blättchen
abzupfen und fein hacken.

7   Den gehackten Kerbel mit dem Schmand
unter den Sud vom Dämpfen der Fischfilets
rühren. Offen bei starker Hitze ein wenig
einkochen lassen.

8   Den Kerbelrahm mit Salz und Pfeffer abschmecken. Zum Servieren die Sauce über
die Zanderfilets geben. Die Zucchini ebenfalls dazureichen.

Edelfisch-Endivien-Päckchen

150 g Lachsfilet | 150 g Seezungenfilets | 2 EL Limetten- oder Zitronensaft | Salz | weißer Pfeffer aus der Mühle | $1/2$ Kopf Endiviensalat | 200 ml Fischfond (oder Gemüsebrühe) | $1/2$ Bund Radieschen | 75 g Schmand

Außerdem: Küchengarn

Für 2 Personen
Pro Portion 305 kcal, 39 g EW, 16 g F, 2 g KH

1 Die Fischfilets kalt abwaschen und abtrocknen. Wenn die Lachsfilets dicker als 1 cm sind, diese quer in dünnere Scheiben schneiden, damit sie schneller gar werden. Die Filets in 4 Portionen teilen und rundherum mit Limetten- oder Zitronensaft beträufeln und mit Salz und Pfeffer würzen.

2 Den Endiviensalat waschen und putzen, in einzelne Blätter zerteilen. Grobe Stiele dabei entfernen. Aus dem Fischfilet 4 Päckchen herstellen: Dafür jeweils ein Stück

Lachs- und ein Stück Seezungenfilet aufeinanderlegen, in Endivienblätter hüllen und mit Küchengarn zubinden.

3 Die Päckchen auf einen Dämpfeinsatz (oder in einen Elektro-Dämpfer) legen. In einem für den Dämpfeinsatz passenden Topf den Fond aufkochen. Den Einsatz hineinstellen und den Topf mit einem gut passenden Deckel verschließen. Die Päckchen bei starker Hitze 10 Min. dämpfen.

4 Inzwischen den übrigen Endiviensalat in feine Streifen schneiden, die Radieschen waschen, putzen und hacken. Den Dämpfeinsatz aus dem Topf nehmen und die Fischpäckchen warm stellen. Den Salat, die Radieschen und den Schmand in den Fond rühren und alles unter Rühren bei starker Hitze noch kurz durchkochen. Abschmecken und zu den Päckchen servieren.

TIPP: Wenn Sie keinen Endiviensalat bekommen, nehmen Sie einfach einen anderen Salat oder Chinakohl. Bei letzterem müssen Sie den harten Strunk herausschneiden, sonst lassen sich die Blätter nicht um den Fisch wickeln.

Lachskoteletts mit Kressesauce

500 g Blumenkohl, Brokkoli oder Romanesco | Salz | 2 Lachskoteletts (je ca. 175 g) | Zitronenpfeffer | 1 kleine Zwiebel | 125 ml Fischfond aus dem Glas | 20 g eiskalte Butter | 1 Kästchen Gartenkresse

Für 2 Personen
Pro Portion 345 kcal, 37 g EW, 20 g F, 5 g KH

1 Blumenkohl, Brokkoli oder Romanesco waschen, putzen und mundgerecht zerteilen. Zugedeckt in wenig Salzwasser je nach Gemüsesorte 8–12 Min. dünsten. Anschließend abgießen und zugedeckt warm halten.

2 Während das Gemüse dünstet, die Lachskoteletts kalt abwaschen und mit Küchenpapier abtrocknen. Mit Salz und Zitronenpfeffer würzen, auf einen Dämpfeinsatz legen.

3 Die Zwiebel schälen und fein würfeln. Mit dem Fond in einen für den Dämpfeinsatz passenden Topf geben und zum Kochen bringen. Den Dämpfeinsatz hineinstellen und den Topf zudecken. Die Koteletts bei mittlerer bis starker Hitze im fest verschlossenen Topf ca. 8 Min. dämpfen.

4 Den Dämpfeinsatz aus dem Topf nehmen und den Fisch warm halten. Den Fond im Topf bei starker Hitze etwas einkochen lassen. Die Butter in kleinen Stücke mit einem Schneebesen nach und nach unter den Fond rühren und so die Sauce leicht binden.

5 Die Kresse vom Beet schneiden und unter die Sauce rühren, diese würzig abschmecken und zu den Lachskoteletts servieren. Das Gemüse dazureichen.

Mediterrane Meeresspieße mit Safransauce

200 g gemischtes Fischfilet | 4 ausgelöste Jakobsmuscheln | 2 EL Limettensaft | Salz | weißer Pfeffer aus der Mühle | 1 kleiner Zucchino | 100 g kleine Kirschtomaten | 2 EL Olivenöl | 100 ml Fischfond | 75 g Schmand | 1 Döschen gemahlener Safran | einige Zweige Dill (nach Belieben)

Außerdem: einige Schaschlikspieße

Für 2 Personen
Pro Portion 320 kcal, 33 g EW, 19 g F, 4 g KH

1 Das Fischfilet und die Jakobsmuscheln kalt abwaschen, abtrocknen und in mundgerechte Würfel schneiden. Mit Limettensaft beträufeln und mit Salz und Pfeffer würzen.

2 Den Zucchino waschen, putzen und in Scheiben schneiden. Die Tomaten waschen. Fischfilet, Jakobsmuscheln, Zucchinischeiben und einige Tomaten auf Spieße reihen.

3 Das Olivenöl in einer Pfanne leicht erhitzen, die Spieße darin rundum leicht anbraten. Mit dem Fond ablöschen und zugedeckt bei mittlerer Hitze ca. 10 Min. dünsten.

4 Die Spieße herausnehmen und warm stellen. Schmand und Safran in den Sud rühren und die übrigen Tomaten dazugeben. Die Sauce offen etwas einkochen lassen, abschmecken und mit den Spießen und nach Belieben mit dem Dill servieren.

TIPP: Dazu einen großen Teller Feldsalat genießen, angemacht mit einem super-fettarmen Dressing auf der Basis von Kefir, Buttermilch oder Dickmilch (siehe Tipp S. 136).

Thunfischsteaks

2 Thunfischsteaks (je 125 g) | 2 EL Zitronen-
saft | Salz | weißer Pfeffer aus der Mühle |
1 Salatgurke | je 1 TL Oliven- und Sesamöl |
15 g Sesamsamen | 2–3 EL gehackter Dill

Für 2 Personen
Pro Portion 381 kcal, 31 g EW, 26 g F, 3 g KH

1   Die Thunfischsteaks kalt abwaschen und
abtrocknen. Mit Zitronensaft beträufeln, salzen und pfeffern. Zugedeckt kalt stellen. Die
Gurke waschen, streifig schälen, längs halbieren und die Kerne mit einem Esslöffel
herauskratzen. Die Gurke fein würfeln.

2   Den Thunfisch in einer Pfanne im heißen
Olivenöl bei mittlerer Hitze von jeder Seite
2–3 Min. braten. Den Sesam in einer trockenen Pfanne goldgelb rösten. Zwei Drittel mit
dem Dill unter die Gurken mischen, diese
mit Salz und Pfeffer abschmecken.

3   Die Thunfischsteaks mit dem Gurkentatar
anrichten, das Sesamöl über das Tatar träufeln und den übrigen Sesam aufstreuen.

Pangasiusfilet

350 g Pangasiusfilet | Salz | weißer Pfeffer
aus der Mühle | $1/2$ TL gemahlener Korian-
der | 1 Bund Frühlingszwiebeln | 1 TL But-
ter | $1/2$ Bund Estragon | 125 g Schmand

Außerdem: Gratinform

Für 2 Personen
Pro Portion 355 kcal, 41 g EW, 16 g F, 11 g KH

1   Den Backofen auf 200° (Umluft 180°) vorheizen. Das Fischfilet kalt abwaschen und
abtrocknen, in Stücke schneiden. Mit Salz,
Pfeffer und Koriander würzen und nebeneinander in die Form legen.

2   Frühlingszwiebeln waschen, putzen, in
dünne Ringe schneiden und in einem Topf
in der Butter 2 Min. anschwitzen. Estragon-
blättchen hacken, dazugeben. Den Schmand
einrühren und eventuell etwas Wasser,
damit die Mischung cremig wird. Salzen,
pfeffern und einmal aufkochen. Die Sauce
über die Fischfilets gießen und das Ganze
im Ofen (Mitte) ca. 10 Min. überbacken.

Jakobsmuscheln mit grünem Spargel

750 g grüner Spargel | 300 g ausgelöste Jakobsmuscheln (ca. 10 Stück) | 30 g Butter | Salz | weißer Pfeffer aus der Mühle | 1 TL abgeriebene Bio-Zitronenschale | 1 Handvoll Kerbel | 1 Handvoll glatte Petersilie

Für 2 Personen
Pro Portion 309 kcal, 31 g EW, 15 g F, 13 g KH

1   Den Spargel waschen, im unteren Drittel schälen und in mundgerechte Stücke schneiden. Muscheln kalt abwaschen und abtrocknen, halbieren oder dritteln. Die Butter aufschäumen. Den Spargel darin unter Rühren bei mittlerer Hitze 3–4 Min. garen.

2   Das Muschelfleisch dazugeben und leicht mit anbraten. Mit Salz, Pfeffer und Zitronenschale würzen. Unter gelegentlichem Wenden 5 Min. garen. Inzwischen Kerbel und Petersilie waschen, trocken schütteln, die Blättchen hacken. Die Kräuter erst vor dem Servieren untermischen.

Meeresfrüchte mit Knoblauch-Spinat

1 Knoblauchzehe | 1 Zwiebel | 2 EL Olivenöl | 300 g Blattspinat (TK) | Salz | schwarzer Pfeffer aus der Mühle | 1–2 Zweige Rosmarin | 2 EL Pinienkerne | 400 g gemischte Meeresfrüchte (TK) | 1 TL abgeriebene Bio-Zitronenschale

Für 2 Personen
Pro Portion 326 kcal, 35 g EW, 17 g F, 5 g KH

1   Knoblauch und Zwiebel schälen und in Scheiben schneiden. In 1 EL Öl leicht anbraten. Den Spinat zugeben und unter Rühren bei schwacher Hitze erst auftauen, dann aufkochen lassen, salzen und pfeffern.

2   Inzwischen die Rosmarinnadeln abstreifen und hacken. Mit den Pinienkernen im übrigen Öl leicht anbraten. Meeresfrüchte zugeben und unter häufigem Rühren bei mittlerer Hitze auftauen, dann bei starker Hitze die Flüssigkeit einkochen lassen. Die Meeresfrüchte salzen, pfeffern und mit Zitronenschale abschmecken.

Garnelen-Fenchel-Pfanne

2 Fenchelknollen | 1 kleine Bio-Zitrone | 1 rote Peperoni | 2 EL Olivenöl | 1 Knoblauchzehe | 250 g geschälte gekochte Garnelen | Salz | schwarzer Pfeffer aus der Mühle | 2 EL Pernod (nach Belieben)

Für 2 Personen
Pro Portion 282 kcal, 30 g EW, 13 g F, 6 g KH

1 Die Fenchelknollen waschen und putzen. Das Fenchelgrün abschneiden und beiseitelegen, die Knollen erst vierteln und dann in feine Streifen schneiden.

2 Zitrone heiß abwaschen und abtrocknen, die Schale fein abreiben und den Saft auspressen. Peperoni waschen, putzen und entkernen, in feine Streifen schneiden.

3 Das Öl in einer breiten beschichteten Pfanne leicht erhitzen. Knoblauch schälen und durch die Presse in die Pfanne geben. Den Fenchel einrühren und anschwitzen. Zitronensaft und -schale einrühren, dann die Garnelen. Alles unter gelegentlichem Rühren bei mittlerer Hitze 5–10 Min. garen.

4 Das Ganze mit Salz, Pfeffer und nach Belieben mit Pernod abschmecken. Das Fenchelgrün hacken und darüberstreuen.

TIPP: Vorweg können Sie noch einen großen Teller Salat mit einem feinen Buttermilchressing genießen. Für 2 Portionen 250 ml Buttermilch mit Salz, Pfeffer, etwas Senf und reichlich gehackten Kräutern verrühren, nach Belieben mit etwas Apfelessig abschmecken und über gemischten Blattsalat oder Feldsalat träufeln. So versorgen Sie sich zusätzlich mit ca. 5 g Eiweiß und ca. 50 kcal.

Ungarischer Fischtopf

400 g Filet von Süßwasserfischen (z.B. Zander und Barsch) | Salz | weißer Pfeffer aus der Mühle | 1 EL edelsüßes Paprikapulver | 1 Paprikaschote | 2 Zwiebeln | 1 Glas Fischfond (400 ml; ersatzweise Gemüsebrühe) | 1 Lorbeerblatt | 1/2 Bund glatte Petersilie | 125 g Schmand | Rosenpaprika

Für 2 Personen
Pro Portion 333 kcal, 42 g EW, 14 g F, 8 g KH

1 Das Fischfilet mit kaltem Wasser abwaschen und abtrocknen, mundgerecht würfeln und mit Salz, Pfeffer und edelsüßem Paprikapulver würzen.

2 Die Paprikaschote waschen, putzen, entkernen und in Streifen schneiden. Zwiebeln schälen und in dünne Spalten schneiden.

3 Paprika und Zwiebeln mit dem Fischfond in einen Topf geben. Das Lorbeerblatt dazugeben und alles aufkochen. Offen bei mittlerer Hitze 5 Min. köcheln lassen.

4 Das Fischfilet in den Topf geben und untermischen. Alles bei schwacher Hitze 6–8 Min. ziehen lassen.

5 Inzwischen die Petersilie waschen und trocken schütteln, die Blättchen abzupfen und fein hacken. Petersilie und Schmand verrühren und mit Salz, Pfeffer und Rosenpaprika abschmecken.

6 Den Fischtopf ebenfalls herzhaft abschmecken. Zum Servieren den Schmand daraufgeben. Zusätzlich mit etwas Rosenpaprika bestreuen.

Rezeptregister

Hier finden Sie alle Rezepte in alphabethischer Reihenfolge. Beginnt der Rezeptname mit einem Adjektiv wie »Weißes«, »Türkische«, »Gedämpfter«, sind diese hier im Register hintenangestellt (»Spargel, Gebratener«). Damit Sie sofort sehen, ob es sich um ein Frühstücks-, Mittags- oder Abendrezept handelt, haben wir die Rezepte mit den jeweiligen Buchstaben (F = Frühstück, M = Mittag, A = Abend) in Klammern gekennzeichnet.

Sachregister

Fachbeiträge und Bücher zum Thema

- Reduktion der glykämischen Last bei Übergewicht und Adipositas
  Huehmer, Ulrich P. et al., in: Diabetes aktuell 2008; 6 (2)

- Untersuchungen zum 24-h-Energieumsatz des Menschen: Zirkadianer Rhythmus, Beziehungen zum Körpergewicht und zur Ernährung
  Steininger, J.; Original: Z. ges. inn. Med., Jahrg. 40, Heft 8. Aus der Klinik für Physiotherapie des Städtischen Klinikums Berlin-Buch

Bücher aus dem
GRÄFE UND UNZER VERLAG

- Die große GU-Nährwert-Kalorien-Tabelle
  Aign, W., Elmadfa, Prof. Dr. I., Muskat, Prof. Dr. E., Fritzsche, D.

- Schlank im Schlaf. Die revolutionäre Formel: So nutzen Sie Ihre Bio-Uhr zum Abnehmen
  Pape, Dr. D., Schwarz, Dr. R., Trunz-Carlisi, E., Gillessen, H.

- Schlank im Schlaf. Der 4-Wochen-Power-Plan
  Pape, Dr. D., Schwarz, Dr. R., Trunz-Carlisi, E., Gillessen, H.

- Schlank im Schlaf für Berufstätige
  Pape, Dr. D., Schwarz, Dr. R., Trunz-Carlisi, E., Gillessen, H.

- Die Hormonformel. Wie Frauen wirklich abnehmen
  Pape, Dr. D.

Adressen

- Ernährungsmedizin und Adipositas-Konzept
  Dr. med. Detlef Pape
  Zweigertstraße 37–41, 45130 Essen
  Tel. 02 01/7 49 55 77

Bestelladressen

- Gemüse, Fleisch & Käse in Bio-Qualität online bestellen:
  www.gemüseabo.com

- Kohlenhydrateriegel für das Frühstück, Proteinriegel, Trinknahrung und spezielle Brotbackmischungen für das Abendessen:
  InsuLean GmbH & Co. KG
  Goethestraße 100, 45130 Essen
  Tel. 02 01/7 49 55 77, Fax 0201/7 49 55 93
  www.insulean.de

Der Schlank-im-Schlaf-Coach
Lassen Sie sich von Dr. Pape persönlich begleiten!

Mit dem Schlank im Schlaf- Coach steht Ihnen der Autor online mit Rat und Unterstützung zur Seite.
www.schlank-im-schlaf-coach.de

Das bietet der Online-Coach:
- Dr. Pape erklärt in kurzen **Videos** alle wichtigen Aspekte des Schlank-im-Schlaf-Prinzips und unterstützt Sie im Verlauf Ihrer Mitgliedschaft mit vielen motivierenden Tipps.
- Jeden Tag schlägt er leckere und aktuelle **Rezepte** für morgens, mittags und abends vor – natürlich nach dem Prinzip der Insulin-Trennkost.
- Zum Nachlesen steht Ihnen Dr. Papes umfangreiches **Magazin aus Tipps und Informationen** zur Verfügung.
- Individuelle Bilanzen und die grafische **Gewichtskurve** zeigen Ihnen jederzeit, wo Sie stehen.
- Werden Sie Teil der begeisterten SiS-Community– so klappt das Abnehmen gleich viel besser!

Exklusiv für die Leser dieses Buchs: die 14 Tage Gratis-Mitgliedschaft
Einfach unter www.schlank-im-schlaf-coach.de anmelden und den Gutscheincode **GUB10** eingeben.

Impressum

© 2010 GRÄFE UND UNZER VERLAG GmbH, München.

Projektleitung: Birgit Rademacker
Freie Mitarbeit (Text): Anna Cavelius
Rezepte: Angelika Ilies
Lektorat: Claudia Lenz, Gudrun Mach
Korrektorat: Waltraud Schmidt
Layout und Umschlag: independent Medien-Design, Horst Moser, München
Herstellung: Claudia Labahn
Satz: Christopher Hammond
Repro: Longo AG, Bozen
Druck: Firmengruppe Appl, aprinta, Wemding
Bindung: Firmengruppe Appl, sellier, Freising

ISBN 978-3-8338-2125-7

4. Auflage 2011

Die GU-Homepage finden Sie im Internet unter www.gu.de

Umwelthinweis

Dieses Buch wurde auf chlorfrei gebleichtem Papier gedruckt. Um Rohstoffe zu sparen, haben wir auf die Folienpackung verzichtet.

Die Fotografinnen

Ulrike Schmid und **Sabine Mader** arbeiten seit Jahren als eingespieltes Team in ihrem Fotostudio **Fotos mit Geschmack**. Inspiration finden sie auf ihren Reisen, immer auf der Suche nach ausgefallenen Requisiten. Unterstützt wurden sie für dieses Buch von Margit Proebst (Foodstyling).

Bildnachweis

Titelfoto: Fotos mit Geschmack
Klappe vorn innen: Leonhard Lenz für Gräfe und Unzer
Außenklappe hinten: Christian Hoeder (oben), alle anderen Bilder privat
S. 40: Jörn Rynio
alle anderen Fotos: Fotos mit Geschmack

Syndication:
www.jalag-syndication.de

Wichtiger Hinweis

Die Gedanken, Methoden und Anregungen in diesem Buch wurden nach bestem Wissen erstellt und mit größtmöglicher Sorgfalt überprüft. Sie bieten jedoch keinen Ersatz für kompetenten individuellen medizinischen Rat. Jede Leserin, jeder Leser sollte für das eigene Tun und Lassen weiterhin selbst verantwortlich sein. Weder Autoren noch Verlag können für eventuelle Nachteile oder Schäden, die aus den im Buch gegebenen praktischen Hinweisen resultieren, eine Haftung übernehmen.

GRÄFE UND UNZER

Ein Unternehmen der
GANSKE VERLAGSGRUPPE

DAS ORIGINAL · MIT GARANTIE
GU

Unsere Garantie

Alle Informationen in diesem Ratgeber sind sorgfältig und gewissenhaft geprüft. Sollte dennoch einmal ein Fehler enthalten sein, schicken Sie uns das Buch mit dem entsprechenden Hinweis an unseren Leserservice zurück. Wir tauschen Ihnen den GU-Ratgeber gegen einen anderen zum gleichen oder ähnlichen Thema um.

Liebe Leserin und lieber Leser,

wir freuen uns, dass Sie sich für ein GU-Buch entschieden haben. Mit Ihrem Kauf setzen Sie auf die Qualität, Kompetenz und Aktualität unserer Ratgeber. Dafür sagen wir Danke! Wir wollen als führender Ratgeberverlag noch besser werden. Daher ist uns Ihre Meinung wichtig. Bitte senden Sie uns Ihre Anregungen, Ihre Kritik oder Ihr Lob zu unseren Büchern. Haben Sie Fragen oder benötigen Sie weiteren Rat zum Thema? Wir freuen uns auf Ihre Nachricht!

Wir sind für Sie da!
Montag–Donnerstag:
8.00–18.00 Uhr;
Freitag: 8.00–16.00 Uhr
Tel.: 0180-5 00 50 54* *(0,14 €/Min. aus dem dt. Festnetz/ Mobilfunkpreise
Fax: 0180-5 01 20 54* maximal 0,42 €/Min.)
E-Mail:
leserservice@graefe-und-unzer.de

P.S.: Wollen Sie noch mehr Aktuelles von GU wissen, dann abonnieren Sie doch unseren kostenlosen GU-Online-Newsletter und/oder unsere kostenlosen Kundenmagazine.

GRÄFE UND UNZER VERLAG
Leserservice
Postfach 86 03 13
81630 München

Fit & schlank – so gelingt's

Unsere Bestseller für ein schlankes Leben

ISBN 978-3-7742-8779-2
192 Seiten

ISBN 978-3-8338-1435-8
144 Seiten

ISBN 978-3-8338-0765-7
144 Seiten

Das Erfolgskonzept:

Garantiert satt – mit der Insulin-Trennkost

Aktiv und fit – mit dem Training nach Plan

Dauerhaft schlank – abnehmen im Takt der Bio-Uhr

Willkommen im Leben.

Das Produkt zum Schlank im Schlaf Konzept
Bei der Insulin-Trennkost gibt es abends Eiweißmahlzeiten. Empfehlenswert sind Fisch, Geflügel, Quark, Eier oder mageres Fleisch.
Das Abendessen kann aber auch durch den hochwertigen **Schlank im Schlaf Vanille-Diät-Drink** ersetzt werden, der speziell für die Insulin-Trennkost entwickelt wurde. Die hochwertige Protein-Vitamin-Creme erreicht durch ausgewählte Ballaststoffe eine ideal niedrige Insulinreaktion. Dies sorgt für eine schnellere Abnahme (3 bis 4 kg Gewichtsverlust pro Monat sind möglich bei regelmäßiger abendlicher Anwendung).
Bezugsquelle und weitere Infos zur Dr. Pape-Ernährungsformel unter **Tel. (0201) 749 55 77**.
In schwierigen Fällen empfehlen wir den Besuch einer Abnehmgruppe mit medizinischer Betreuung.
InsuLean GmbH & Co. KG
ERNÄHRUNGSMEDIZIN UND
ADIPOSITAS-KONZEPT
Goethestraße 100
45130 Essen

Schlank im Schlaf
Vanille-Diät-Drink
Bilanzierte
Proteinmahlzeit

... schneller abnehmen

Die besten **Schlank-im-Schlaf-Lebensmittel** auf einen Blick

Hier stellen wir Ihnen Lebensmittel vor, die beim Abnehmen helfen und gleichzeitig ein Gesundheitsplus bedeuten: Wasser als Lösungs- und Transportelement sowie als unverzichtbarer Hauptbestandteil unseres ganzen Körpers, dazu Nahrungsmittel, die reich an Vitaminen, Mineralstoffen und anderen lebenswichtigen Nährstoffen sind.

1 **Wasser** | Ohne Wasser geht im Körper gar nichts. 1,5 Liter Wasser sollten es am Tag sein. Bei sportlicher oder schweißtreibender Tätigkeit entsprechend mehr. Ein halber Liter nicht zu kaltes Wasser auf nüchternen Magen getrunken, beschleunigt Ihren Abnehmerfolg. Sie erhöhen so Ihren Energieumsatz um etwa 50 Kilokalorien und kurbeln die Produktion der Verdauungssäfte in den Mundspeicheldrüsen, in Magen, Galle und Bauchspeicheldrüse an.

2 **Vollkornprodukte** | Morgens und mittags sorgen sie für eine Extraportion an B-Vitaminen. Die sind gut für die Nerven, die Blutbildung und das Gehirn. Eisen und Magnesium halten wach und fit und die in Getreide und Getreideprodukten steckenden Ballaststoffe regen den Stoffwechsel und die Darmfunktion an. Besonders wertvoll sind Haferflocken, in moderner Form als Knusperflakes oder als lösliche Haferkleieflocken. 3 Esslöffel Flocken in Saft eingerührt und zum Frühstück getrunken beruhigt die Magensäure und bindet zudem die stark cholesterinhaltige Morgengalle, sodass Cholesterin ausgeschieden werden kann. Vitamin E aus dem Keimling von Getreidekörnern sowie das ebenfalls in Vollkornprodukten enthaltene Zink und Selen bieten den Zellen besten Schutz vor Sauerstoffradikalen.

3 **Kartoffeln** | In Kartoffeln stecken reichlich Kohlenhydrate in Form von Stärke. Sie enthalten wertvolles Eiweiß und Ballaststoffe, und sie machen (mittags) richtig satt. Genauso gesund sind Kartoffeln auch als Backofen-Pommes-frites, die nur noch drei bis fünf Prozent Fett enthalten.

4 **Tomaten** | In den Sommerfrüchten steckt reichlich Lykopin. Dieser Pflanzenstoff wirkt zell- und damit auch hautschützend und weist eine acht- bis zehnfach stärkere Wirkung als das zur selben Stoffgruppe gehörende Betakarotin auf. Noch besser verwertbar als aus den frischen Früchten sind Lykopine aus verarbeiteten Tomaten. In Form von Dosentomaten, Ketchup oder Tomatenmark.

5 **Äpfel** | Mit Mineralstoffen wie z. B. Kalium und Magnesium sowie dem berühmten Vitamin C ist der Apfel ein Frischepaket. Sein Fruchtzuckeranteil kurbelt die Leistungsfähigkeit an – und das bei nur 52 Kilokalorien pro 100 Gramm. Äpfel sollten allerdings nur zum Frühstück und Mittagessen gehören, genau wie Fruchtsäfte oder Fruchtschorlen, die schnell das Insulin locken.

6 **Orangen und Orangensaft** | 85,7 Prozent des saftigen Fruchtfleisches von Orangen bestehen aus Wasser, aus diesem Grund lässt sich aus den Zitrusfrüchten so gut Saft pressen. Außerdem enthalten sie viele Fruchtsäuren und sehr viel Vitamin C. Ein Glas frisch gepresster Orangensaft deckt den gesamten Tagesbedarf an Vitamin C. In 100 Gramm Fruchtfleisch stecken 8,25 Gramm Kohlenhydrate (deshalb Orangen nur morgens und mittags verzehren!).

7 **Fisch** | Vor allem fettreicher Seefisch hat es in sich: Eiweiß, Jod, Zink und viele Vitamine, die die Zellen vor Schäden schützen, sowie gesunde Omega-3-Fettsäuren stecken in Thunfisch, Lachs, Seezunge, Kabeljau und Hering. Zweimal pro Woche sollte solcher Fisch auf Ihrem Speiseplan stehen.